스무살 영화觀

스무 살 영화觀
——영화 읽기와 쓰기

초판 1쇄 발행 • 2012년 2월 29일
초판 5쇄 발행 • 2016년 8월 31일

지은이 • 강유정
펴낸이 • 주일우
펴낸곳 • ㈜문학과지성사
등록번호 • 제1993-000098호
주소 • 04034 서울 마포구 잔다리로7길 18(서교동 377-20)
전화 • 02)338-7224
팩스 • 02)323-4180(편집) 02)338-7221(영업)
전자우편 • moonji@moonji.com
홈페이지 • www.moonji.com

ⓒ 강유정, 2012. Printed in Seoul, Korea

ISBN 978-89-320-2284-0 43680

스무 살 영화觀

영화 읽기와 글쓰기 ❀ 강유정 지음

문학과지성사
2012

영화가 말해주지 않는 것을 영화 속에서 보기

영화 보기는 어렵지 않다. 인터넷에 접속해서 예매를 하고 그 시간에 극장을 찾아가면 된다. 더 쉬운 방법도 있다. DVD가 나올 때까지 기다렸다가 볼 수도 있고 VOD로 파일을 구매해서 볼 수도 있다. 영화 보기는 쉽다. 참 쉽다. 그런데, 여기서 '본다〔觀〕'라는 단어는 단순히 보는 행위만을 의미하지는 않는다. 그러니까 이때 영화를 보는 행위는 엄밀히 말해 영화를 읽고, 해석하고, 판단하는 것까지 포함한다.

많은 사람들이 영화를 보지만, 막상 보고 난 후 결과는 좀 다르다. 어떤 사람은 그냥 망막 위에 이미지를 남기는 데 그치고, 어떤 사람은 판단을 해서 좋다 나쁘다 말하고, 어떤 사람은 40자평을 남기기도 한다. 심지어 어떤 사람들은 원고지로 치자면 20매도 넘는 분량의 글을 써서 블로그나 홈페이지에 남기기도 한다. 때로 어떤 사람은 매체에 글을 기고하기도 한다. 영화평론가처럼 말이다.

영화를 '그냥' 보는 사람에겐 단순히 이미지이겠지만 그저 보지 않는 사람에게 그것은 하나의 메시지가 된다. 영화는 화려한 볼거리이기도 하지만 세상에서 일어나는 일들에 대한 중요한 발언이 되기도 한다. 그래서 세상이 험악해지면 그에 따라 스릴러 영화의 잔혹성이 깊어지고, 돈 벌기가 팍팍해질수록 가벼운 환상으로 치장한 영화들이 많아진다.

세상사와 무관한, 캄캄한 어둠 속 공간처럼 보이지만 영화만큼 세상일들에 민감한 예술도 없다. 그것은 아마 영화의 뿌리가 바로 대중에 있기 때문일 것이다. 그러니 갑자기 영화에서 불치병이 자주 등장한다거나 공포 영화가 물밀 듯이 쏟아져 나온다거나 스릴러 영화들이 대량 제작 중이라면 이는 단순한 유행으로 볼 수만은 없다. 모든 유행엔 세상과 사람 그리고 그들이 만들어낸 2차 가공품인 예술 사이의 어떤 인과관계가 있기 때문이다.

두번째 의미에서 '영화를 보는 것'은 바로 이 인과관계를 찾아보는 일이 될 것이다. 영화가 말해주지 않지만 우리가 영화 속에서 찾아내는 이야기, 그 이야기들 말이다. 그렇다면 이런 이야기들은 어떻게 발견할 수 있는 것일까?

　　우리는 어떤 영화를 보고 "말이 안 된다"라고 이야기한다. 그럼 "말이 안 된다"는 상황은 어떤 것일까? 슈퍼맨처럼 하늘을 나는 것이 "말이 안 된다"고 이야기하는 것일까, 아니면 헤어진 연인이 바로 곁을 지나치는데도 못 보는 장면이 "말이 안 된다"고 이야기하는 것일까? "말이 안 된다"라는 관객의 감상평 안에는 영화의 서사, 이야기에 대한 관객의 감식안이 숨어 있다. 그것은 '인과성causality' 혹은 '개연성 probability'에 대한 상식으로 판단된다.

　　남미의 소설가 보르헤스의 작품 「두 개의 미로와 왕」에 이런 대목이 나온다. 지상의 왕과 환상의 왕이 미로 만들기 경쟁을 한다. 두 왕은 서로 탈출할 수 없는 미로를 만들겠다고 마음먹는다. 결국 미로가 완성되는 날, 두 왕은 각각 서로가 만든 미로에 들어간다. 그렇다면 어떤 왕이 이겼을까? 결론을 이야기하자면 지상의 왕이 만든 미로에 환상의 왕이 갇혀 죽는다. 보르헤스의 이 이야기는 우리가 이야기하게 될 개연성과 인과성에 대해서 중요한 암시를 던져준다.

　　보르헤스의 소설 속에 나타난 이 이야기는, 이 세상, 현실에서 일어나는 일들이 소설이나 영화 속에서 일어나는 일보다 더 복잡하다는 것을 보여준다. 가령, 9·11 테러와 같은 상황들은 그 어떤 영화보다 끔찍하다. 「투머로우The Day After Tomorrow」(롤랜드 에머리히, 2004)와 같은 재난 영화가 있지만 실제로 일어난 쓰나미나 쓰촨성 대지진은 영화보다 더 복잡하고 참혹하다. 아무리 영화가 참혹하다고 할지언정 현실보다는 못하다. 현실은 늘 영화보다 심각하고 우연적이며 복잡하다는 것이다.

중요한 것은 비록 현실이 우연투성이일지라도 영화는 우연을 남발해서는 안 된다는 사실이다. 관객들이 영화를 보고 난 후 "말이 안 된다"라고 말하는 것이 바로 이러한 경우이다. 영화 속에서 발생하는 사건들은 영화의 이야기 내에서 일관성을 갖춰야 한다. 여기서 말하는 일관성이라는 것은, 등장하는 인물들의 성격(캐릭터), 사회적 배경, 이야기의 앞과 뒤가 유기적이어야 한다는 것 등을 뜻한다.

영화는 일종의 인공물이다. 현실에서는 우연이 남발되고 말도 안 되는 일이 아무 연관 없이 발생하지만, 영화에서는 발생하는 사건에 일종의 질서를 부여해야 한다. 등장인물의 성격, 사회적 배경과 같은 것을 고려해 우연한 사건에 필연성을 제시해야 하는 것이다. 이 일관성이 바로 개연성이다. 개연성이란 실제와 비슷하다 혹은 현실과 똑같다라는 의미가 아니라 '실제에서 일어날 법하다'에 가깝다. 영화의 이야기 진행 과정을 통해 관객들을 설득하는 논리적 인과성이 바로 개연성인 셈이다.

가령, 영화 「매그놀리아^{Magnolia}」(폴 앤더슨, 2000)의 마지막 부분에는 갑자기 개구리 비가 쏟아져 내리는 장면이 등장한다. 너무도 우연적이고 비현실적이라서 "말이 안 된다"고 반응할 수도 있다. 하지만, 이 장면은 감독이 의도적으로 톱니바퀴처럼 질서정연하게 흘러가는 현실에 약간의 고장을 낸 경우라고 할 수 있다. 복잡다단하게 펼쳐지는 갈등과 반목을 보여준 후 감독은 기적적 화해의 순간을 개구리 비로 표현해낸다. 개구리 비는 사람과 사람 사이의 소통이 불가능하지만은 않다는 것, 극복할 수 없는 오해라는 것은 없다는 것을 보여준다. 하늘에서 개구리가 쏟아지는 기적적 순간을 통해 영화의 주제를 상징하는 것이다.

그렇다면 이런 질문도 가능해진다. 범죄 사실을 예측하는 「마이너리티 리포트^{Minority Report}」(스티븐 스필버그, 2002)나 돌연변이들이 등장하는 「X 맨」(브라이언 싱어, 2000)과 같은 영화들은 말이 안 되는 영화일까, 라는 질문 말이다. SF^{Science Fiction}에 등장하는 이야기들은 아직 현실이라기보다는 이론적 가능성 수준의 이야기들이 많다. 그래서 SF 영화는 이야기의 개연성을 주기 위해 시간적 배경을 먼 미래로

잡거나 공간적 배경을 지구가 아닌 다른 곳으로 설정한다. 영화 속에서 사건들이 일어나기 가능한 조건을 만들어주는 것이다. 때로는 일부러 인과성과 개연성을 무너뜨려 관객에게 신선한 즐거움을 주는 영화들도 있다. 기본기가 잘된 화가가 입체파나 미래파의 그림을 그려내듯, 이러한 즐거움은 파격의 기쁨을 만들어낸다.

때로 어떤 영화들은 지나치게 우연을 남용한다. 가령 이런 식 말이다. A라는 인물이 B라는 인물과 사랑에 빠진다. 그리고 C와 D는 천하의 원수이다. 그런데 알고 보면 A와 C는 형제이고 B와 D는 자매이다. 뿐만 아니다. 드라마에 등장하는 모든 인물들은 결국 어떤 관계로든 묶인다. 살면서 경험하기 힘든 수많은 우연들이 드라마에는 등장한다. 세상에는 우연한 일들이 많이 일어난다. 우연히 어떤 도로를 지나다가 사고를 목격하기도 하고, 우연히 비행기를 타지 않아서 사고를 면하기도 한다.

영화 속에서 시대적 배경에 걸맞지 않게 너무 현대적인 물품이 나온다거나 등장인물의 성격 변화가 너무 갑작스러울 때 관객들은 그 상황을 납득하지 못한다. 삶이 우연일지언정 영화 속 이야기에는 설득력이 있어야 한다. 관객들을 납득시키는 설득력이 바로 영화의 인과성이고 개연성이다.

우리는 흔히 믿기지 않는 상황을 보고 "영화 같다" 혹은 "소설 같다"고 말한다. 이 '영화 같다'라는 말속에는 "극적이다", "거짓말 같다"라는 반응이 숨어 있다. 그런데 알고 보면 이 말들이야말로 누구에게나 영화의 허구성에 대한 직관적 인식이 있음을 잘 보여준다. 중요한 것은 이 거짓말 같은 이야기들도 모두 다 누군가의 의도와 사상에 의하여 조직된 인공물이라는 사실이다.

　　모든 인공물에는 의도가 있다. 우리가 이 책에서 발견하고자 하는 의도는 보이는 의도와 보이지 않는 의도의 두 가지 차원이 있다. 보이는 의도란 말 그대로 작가, 감독, 제작자가 영화를 통해 구현하고 싶어 하는 표면적 주제이다. 보이지 않는 의도는 동시대의 분위기, 편견이나 상식이라는 이름으로 전제된 일종의 사회적 무의식이라고 할 수 있다.

　　프로이트가 말했듯이 때로는 농담이 진담보다 더 많은 진실을 보여주기도 한다. 지젝을 인용해서 이 말을 조금 비틀어보자면, 오답이야말로 정답을 향해 가는 가장 훌륭한 길일지도 모른다. 영화를 통해 세상의 풍경을 읽는다는 것은 곧 영화를 통해 세상의 본질을 파악한다는 뜻이기도 하다. 좋은 글은 바로 관찰에서 나온다. 좋은 논술, 좋은 글, 좋은 칼럼의 지름길은 없다. 다만 빤히 들여다보고 오래 생각하고 남들이 보지 않는 측면에 호기심을 갖는 것. 이 세 가지만 염두에 둔다면 아마도 조금은 다른 글을 쓸 수 있지 않을까 싶다. 삐딱하게 볼수록 영화와 세상은 더 많은 것들을 보여 준다.

차례

3. 장르의 무의식

1. 영화와 문제적 사회

──────── 영화를 일컬어 대중매체, 대중문화라고들 말한다. 대중문화는 어떤 면에서 통속적이라는 의미를 내포하고 있다. 이 통속성은 대중들의 욕구를 만족시키는 기능으로서의 문화를 가리킨다. 하지만 통속성에는 당대, 그것을 즐기고 소비하는 대중들의 욕망이 무엇인지를 잘 보여주는 잣대도 포함되어 있다. 신데렐라식 결혼 이야기가 많이 등장한다면 그런 꿈을 가진 여자들이 증가했다는 것이고 반대로 일을 통한 자기 성취를 결혼보다 중요시하는 여성 인물들이 더 많이 등장한다면 사회 분위기 역시 그렇게 바뀌었다는 뜻이다. 때론 정치적 이야기를 다뤄서 실패하는 경우도 있지만 어떨 땐 같은 이야기가 전폭적 지지를 받기도 한다. 영화평론가이자 제작자, 감독이기도 했던 프랑수아 트뤼포는 다음과 같은 말을 했다. "어떤 영화가 성공을 거둔다면 그것은 우선 사회학적 사건이다. 영화의 질 문제는 부차적인 것이 된다"고 말이다. 1장 「영화와 문제적 사회」는 바로 이런 '사회학적 사건'으로서 영화를 보는 시각(관점)을 갖는 방법에 대해 말하고자 한다.

이미지—
후기 산업화
사회의
다른 문제들

현대적 욕망과 물질 ｜　　　지아장커 감독의 「스틸 라이프」˙는
무(無)에서 유(有)를 만들고, 기존의 사회를 새로운 방식으로
바꾸는 과정에서의 혼란을 그려내고 있다. 1차 산업에 의존
하던 폐쇄적 국가였던 중국이 자본주의를 적극적으로 수용하
면서 변화하는 양상들을 주목한 것이다. 이런 모습들은 한국
사회의 1960년대, 1970년대의 풍경과 닮아 있다.

　　　그런데 어느덧 시간이 흘러, 산업화, 이농 현
상과 같은 문제들은 한국 사회에서 과거의 일이 되
었다. 「스틸 라이프」가 이를테면, 꼭 필요한 재화를
얻어야만 하는 사람들의 이야기라면, 오히려 2000
년대 대한민국의 문제는 생활에 필요한 재화를 얻

■ 「스틸 라이프: 三峽好人」(2006)는
산업화로 인해 급속도로 변해가는 중
국의 현재 모습을 차분하고도 밀도 있
게 그려냈다. 중국 내에서는 상영이 금
지되기도 했으나 베니스 국제영화제에
서 황금사자상을 수상하는 등 작품성
을 인정받았다.

으려 한다기보다는 남들과 다른 소비재를 갖고 싶은 욕망에서 비롯된다. 과거 산업화 시대의 문제 핵심에 반드시 해결해야만 하는 충동*이 자리해 있었다면 후기 산업화 시대에는 욕망이 자리 잡고 있다.

욕망의 시각에서 보았을 때, 사람들은 꼭 필요한 것이 아니라 남들이 가진 것 혹은 남들보다 더 나은 것을 가지려 한다. 때로는 필요 이상의 것을 원한다. 먹을 만큼의 음식, 즐길 만큼의 술, 추위를 막아줄 만큼의 옷이나 집이 아니라 상품 자체가 욕망의 목표가 되는 것이다. 현대 사회에는 도박, 술, 음식, 쇼핑 등등 수많은 중독자들이 있다. 중독은 대개 대상에 필요 이상으로 집착하는 경향을 띤다.

흥미로운 것은 최근 영화들 속에서 자신을 치장하는 데 중독된 여자들이 종종 등장한다는 사실이다. 이치카와 준 감독의 「토니 타키타니Tony Takitani」(2004), 소피아 코폴라 감독의 「마리 앙투아네트Marie Antoinette」(2006)가 그렇다. 된장녀와 같은 원색적 신조어까지 탄생한 요즈음 그렇다면 과연 소비란 여성적 무절제의 표상일까, 아니면 현대적 질병일까? 된장녀 논란과 함께 이 문제에 대해 생각해보자.

무라카미 하루키의 소설을 원작으로 만들어진 영화 「토니 타키타니」에는 흥미로운 여성 캐릭터가 등장한다. 주인공 토니 타키타니의 비서로 취직한 이 여성은 옷을 너무나도 멋지게 소화해낸다. 평생을 고독하게 살아왔던 남자 토니는 그녀의 옷에 반하게 된다. 토니는 고백한다. 그녀처럼 옷을 멋지게 입는 여자는 처음 보았다고, 그녀가 옷을 걸치면 마치 옷이 새로운 생명을 얻은 듯 보인다고 말이다.

둘은 결혼하고 행복한 생활을 이어간다. 행복한 결혼 생활이 이어지면서 고독한 삶에 대한 토니의 불안은 사라져간다. 토니는 어느 날 여자에게 옷을 그만 사는 게 어떨까,라고 제안한다. 이 제안에 여자는 수긍한다. 여자는 약속을 지키고자 새로 산 옷 중 몇 벌을 다시 부티크에 되돌려준다. 하지만 옷을 돌려주고 난 후 그 옷의 질감, 색상을 생각하는 데 골몰하던 여자는 그만 사고를 당해 죽고 만다.

가십성 기사에나 등장해야 어울릴 법한 이 여성은 실은 우리 주변 어디에서나 발견할 수 있는 인물 유형이다. 「시크릿 오브 우먼스 라이프」라는 미국 TV 리얼리티 프로그램에 등장하는 여자들의 삶도 비슷하다. 평범한 가정주부이자 대학생, 직장인인 여성들은 쇼핑에 대한 충동을 자제하지 못해 고통스러워한다. 누군가는 이 충동이 마약 중독 못지않다고 경고한다. 그렇다면, 이러한 중독과 충동은 후기 산업화 사회 이후의 특성이라고 할 수 있을까?

애초부터 여성 관객을 노렸던 멜로드라마는 고액 투자된 미장센*을 통해 여성의 소비욕을 자극했다. 넘칠 정도로 많았던 소품과 장식들은 16세기 연극인 멜로드라마에서부터 사용되었다. 당대의 소품들은 현재 간접광고(PPL)**와도 유사한 효과를 지녔다고 기록되어 있다. 주목해야 할 부분은 소비와 관련된 여성의 심리를 잘 그려낸 작품들이다.

「토니 타키타니」에 등장하는 여자는 옷이 자신의 부족한 내면을 채워준다고 말한다. 이 영화에 등장하는 여성은 쇼핑이라는 이름의 질병을 앓고 있는 환자라고 할 수 있다. 그녀는 새로운 옷을 손에 쥘 때에야 비로소 존재감을 느낀다. 하지만 결국 그녀를 채워주던 옷이 그녀 자신의 정체성을 대신하는 지경에 이르고 만다.

이러한 점에서, 「마리 앙투아네트」 역시 주목할 만하다. 이 영화는 철부지이자 악녀로 명명된 마리 앙투아네트의 무절제하고 사치스러운 삶을 새로운 각도로 재조명하고 있다. 오스트리아와 프랑스 간의 정략적 결정에 의해 결혼하게 된 마리 앙투아

■ 미장센mise en scene은 본래 프랑스어로 '연출'을 의미하는 단어였으나 영화 용어로는 '화면 속에 담기는 이미지를 만들어내는 작업'이라고 정의할 수 있다. 화면 구도, 인물이나 사물 배치, 연출자의 메시지 등이 담긴다.

■■ PPL(Product Placement)은 원래 영화 제작 시 영화에 사용할 소품들의 배치를 지칭했다. 할리우드 영화에서는 초창기 이런 물품들을 빌리거나 기증 받았으나, 현재는 기업으로부터 상품들을 빌리거나 제공 받음으로써 소품 구입 비용을 절약하는 방편 전체를 일컫는다.

네트의 삶에는 '선택'이라는 단어가 없다. 정치적 계산에 의해 통제되고 억압받는 그녀의 삶에는 그 어떤 쾌락도 없다. 유일하게 자신이 결정하고 조종할 수 있는 부분은 소비뿐. 그래서 결국 그녀는 자신에게 주어진 그나마의 자유를 사치에 남용한다.

영화 「마리 앙투아네트」는 프랑스혁명이라는 역사적 과도기를 배경으로 삼고 있지만 그 역사적 현장을 의도적으로 배제해 연출한다. 역사성이 빠진 자리를 대신하는 것은 공허한 내면을 소비로 채우는 한 여성이다. 마리는 자신의 불명확한 정체성에 확신을 갖기 위해 소비에 매진하고 결국 중독되고 만다. 모든 중독이 그렇듯, 소비에는 끝이 없다.

「토니 타키타니」나 「마리 앙투아네트」에서 말해지고 있는 '소비'는, 한 여성의 절제에 의해 단속될 만한 윤리적 선택의 문제가 아니라는 것이다. 그것은 바로 자신의 정체성을 찾지 못한 여성들의 현대적 질병이다. 인류가 탄생한 이후로 '중독'은 가장 두려운 습관 중 하나였다. 문명이 발달할수록 갖가지 중독자가 많아진다는 것은 발달된 문화가 오히려 자아 정체성을 더 곤궁하게 만들 수도 있음을 보여준다. 중독은 당대 사회의 어두운 비밀을 누설하는 질병의 증상과도 같다.

기호적 욕망의 허기 | 「코코 샤넬Coco Avant Chanel, Coco Before Chanel」(앤 폰테인, 2009)은 유명 브랜드를 창조한 디자이너 가브리엘 샤넬의 삶을 다루고 있다. '코코'라는 애칭으로 불린 그녀의 삶은 예상과는 달리 초라하다. 우리는 영화를 통해서 수많은 브랜드와 패션 기호들을 본다. 이제 패션은 단지 옷을 입는 취향이나 선택이라기보다는 사람을 평가하는 기준이 되었다고 한다. 그런데 과연 영화는 어떤 식으로 패션과 취향을 활용하고 있을까?

한때 「스타일」(오종록 연출, 2009)이라는 드라마의 편집장이 자주 쓰던 "엣지Edge 있게"라는 표현이 유행했던 때가 있다. "엣지"라는 말은 '각, 뾰족한 끝'과 같은 의미를 가진 단어로 드라마 속에서는 패션의 코드가 딱 떨어지거나 멋지다는 의미로 통용된다. 사실 드라마 「스타일」에 등장하는 패션 잡지의 편집장 이미지는 칙릿*의 시작이라고도 할 수 있을 「악마는 프라다를 입는다The Devil Wears Prada」(데이비드 프랭클, 2006)의 편집장과 닮아 있다. 닮은 것은 편집장의 이미지뿐만이 아니다. 패션 업계의 엄혹함을 다룬다거나 옷을 어떻게 입느냐에 따라 사람의 품성과 대우가 달라진다는 점에서도 두 작품은 유사한 부분이 많다.

「악마는 프라다를 입는다」의 주인공은 원래 신문기자가 되고 싶었지만 패션 잡지 편집장의 비서가 된 앤드리아이다. 앤드리아는 멋진 입성이나 브랜드가 개인의 가치와는 무관하다고 생각한다. 그런데 패션 잡지 편집장의 비서가 되자 어떻게 입고, 무엇을 입느냐에 따라 자신의 능력이 평가되는 세계에 살게 된다. 옷을 그저 실용적 의미로 받아들이던 앤드리아는 이제 다이어트를 하고, 샤넬, 에르메스를 입어 자신의 감각을 과시한다.

■ 칙릿Chick Lit이란 젊은 '여성'을 가리키는 미국 속어. '칙chick'과 '문학literature'이 조합된 단어로, 주로 대도시에 살며 기업에서 능력을 인정받기 위해 고군분투하는 미혼 여성의 일과 사랑을 주제로 삼는다.

영화 「악마는 프라다를 입는다」에서 가장 인상적인 장면은 비서인 앤드리아가 여러 벌의 옷을 갈아입는 장면을 앤드리아의 한 걸음, 한 걸음으로 편집한 부분이다. 이 부분은 이 영화가 앤드리아라는 여성을 통해 보여주고 싶은 것이 무엇인지를 분명히 알려준다. 관객들은 여러 벌의 옷을 눈 깜짝할 사이에 갈아입고 등장하는 앤드리아를 패션쇼장의 모델처럼 관람한다. 관객들은 앤드리아라는 모델을 통해 고가의 상품들을 마음껏 눈요기한다.

비슷한 장면은 「섹스 앤 더 시티Sex And The

City」(마이클 패트릭 킹, 2008)라는 영화의 장면에서도 등장한다. 주인공 캐리는 결혼을 앞두고 여러 벌의 웨딩드레스를 입어본다. 오스카 드 라 렌타, 비비안 웨스트우드와 같은 수백 수천만 원을 호가하는 의상들이 눈앞에 펼쳐진다. 캐리는 웨딩드레스 모델이 되어서 관객들에게 낯선 브랜드의 의상 수십 벌을 보여준다. 관객들을 그렇게 고가의 브랜드를 알게 되고, 또 욕망하게 된다. 무릇 견물생심이라는 말처럼, 보면, 알게 되면 물건에 대한 욕심은 커지게 마련이다.

「악마는 프라다를 입는다」와 같은 영화들은 고가의 상품과 브랜드에 대한 소비가 바보 같은 짓이라고 말한다. 하지만 겉과 달리 이러한 종류들의 영화는 오히려 잘 몰랐던 브랜드를 광고하고 그 고가의 브랜드야말로 가질 만한 것이라고 충동질한다. 영화가 마지막으로 보여주는 윤리적 선택은 변명에 가깝다. 007 시리즈처럼 남성 관객이 많이 보는 영화에 유독 고가의 자동차가 자주 등장하는 까닭도 유사하다. 남성 관객을 겨냥해 고가의 자동차, 오토바이가 브랜드의 옷 대신 등장한다. 소비를 자극하는 영화적 소도구가 비단 여성 관객을 노리는 것만은 아니라는 뜻이다.

이러한 영화들을 볼 때 관객들은 분명한 기준이 필요하다. 수많은 브랜드를 통해 욕망을 부추기는 이러한 작품들은 소비문화에 대한 비판적 태도를 취하고 있기는 하지만 훨씬 더 교묘하게 자극한다. 후기 자본주의 사회라고 불리는 현대 사회를 살고 있는 우리들은 광고 문구에 둘러싸여 산다고 말할 수 있다. 아마도 자본주의가 점점 발달할수록 고가의 브랜드는 더 많아지고 또 그에 대한 욕망도 견고해질 것이다. 바야흐로 생필품에 의해서가 아닌, 취향과 선택에 의한 소비의 시대에 살고 있기 때문이다. 화려한 볼거리로 관객들을 유혹하는 영화들의 덫을 섬세하고 주의 깊게 보고 판단해야 한다.

생각, 부수고 비틀기

- 중독자를 다룬 다른 작품들을 생각해본다. 「타짜」를 비롯한 작품들은 사회적 악이라고 여겨지는 중독을 소재로 삼고 있다. 하지만 그들의 삶을 다루었다는 것과 영화의 예술성은 별개다. 진짜 중독과, 영화적 양식을 통해 다시 태어난 중독의 차이점이 무엇일까?
- 「토니 타키타니」나 「마리 앙투아네트」는 「악마는 프라다를 입는다」와 다르다. 소비에 대해 생각하게 하는 작품과, 어떤 이미지나 기호에 대한 소유욕을 자극하는 작품들을 구분해본다.
- 영화나 드라마는 어떤 방식으로 상품에 대한 욕망을 부추기는지 생각해보자. 가령, TV 드라마나 영화 속 주인공이 입고 있는 옷이 그들의 계층에 잘 어울리는지 살펴보고 이에 대한 논란과 논쟁들도 찾아볼 수 있다.

02

정보화

24시간 온라인 세대의 자아 | 　　21세기를 정보화 시대라고 말한다. 이 '정보화 시대'라는 말은 앨빈 토플러가 말한 '제3의 물결'과 연관되어 있다. 앨빈 토플러가 제시한 개념인 '제3의 물결'은 산업화 이후의 산업화라고 요약할 수 있다. 1950년 대 후반부터 감지된 제2의 물결은 농업 사회에서 산업화 사회로의 이전을 지칭한다. 반면 현재 우리가 살고 있는 현재 세계는 1차 산업이 화두가 되었던 과거와는 완전히 달라져 있다. 현재의 지식 기반이나 그것의 생산 방식이 과거와 달라져 있다는 뜻이다.

　　산업혁명을 지칭했던 '제2의 물결'과 달리 '제3의 물결'은 한마디로 커뮤니케이션(소통)의 변혁이라고 할 수 있다. 집 안에 전화기가 있느냐 아니냐에 따라 부의 정도가 가능되던 시기가 고작 한 세대 전이었음을 생각해보면, 변화는 놀라움 이상이다.

한 사람이 하나씩 전화기를 갖는 1인 통신 시대를 지나 이제는 SNS, 블로그 등을 통해 각자 스스로 콘텐츠를 생산할 수 있는 1인 미디어 시대로 바뀌어가고 있다. 정보 통신계의 혁명이라고도 불리는 스마트폰의 대중화는 컴퓨터가 있어야만, 인터넷 접속이 가능한 장소에 있어야만 이메일을 확인할 수 있었던 시대와의 결별을 선언했다. 와이파이라고 불리는 무료 인터넷 서비스가 누구나, 마음만 먹는다면 언제 어디서고 접속할 수 있게 해준 것이다.

이 모든 변화의 근간에는 언제나 '접속' 상태이길 원하는, 달라진 생활방식이 자리 잡고 있다. 유비쿼터스라는 말답게 이제 접속은 특정한 상태와 조건을 지칭한다기보다는 일상생활 속에 눈을 뜨고, 각성 상태에 있다는 말과 다를 바 없게 되었다. 휴대폰을 지참하고 있는 한, 그들은 '온라인' 상태이기 때문이다.

일찍이 과학 문명에 의해 전개될 미래는 유토피아와 디스토피아를 오가는 낙관론과 비관론 가운데 있었다. 그렇다면 정보화 사회의 도래로 예상할 수 있는 미래는 어떤 모습일까? 그리고, 정보화 사회로 인해 얻은 것은 무엇이고 잃은 것은 무엇일까? 최초의 웹 브라우저인 모자이크가 출현한 것은 1993년이었다. 고작 20여 년 만에 월드 와이드 웹이라고 불리는 인터넷은 인류의 일상사를 완전히 개편하는 데 성공했다. 이제 컴퓨터 없이는 한 달 이상을 그리고 인터넷 없이는 하루 이상을 버티기 힘들다.

조지 오웰은 소설 『1984』(1949)에서 모든 것이 통제되는 미래 사회를 그려냈다. '빅 브라더'라고 불리는 감시 체제는 사람들의 자유의지를 억압하고 조종한다. 한편 올더스 헉슬리는 『멋진 신세계』(1932)라는 작품에서 '소마'라는 약에 의존한 미래 사회를 보여준다. 지도부는 사람들에게 '소마'라는 약을 나눠주는데 이 약은 고통을 없애고 즐거움만을 주는 약이다. 『멋진 신세계』의 지도자는 강압이 아니라 즐거움으로 대중을 통제한다.

뉴욕 대학의 커뮤니케이션학과 교수인 닐 포스트만은 이 두 가지 비전을 통해 미래 사회의 단면을 제시한다. 그런데 그는 미래 사회를 병들게 할 원인은 빅 브라더 같은 억압이 아니라 소마와 같은 즐거움일 것이라고 말한다. 사람들이 자신이 두려워하는 대상에 의해 훼손되는 것이 아니라 너무 즐거워하는 대상들 때문에 망가질 것이라는 말이다. 그는 현대판 소마의 예로서 텔레비전을 든다. 즐거움만을 쫓아가는 말초적 프로그램들이 소마와 다를 바 없다는 뜻일 테다.

그런 점에서 피터 위어 감독의 「트루먼 쇼^{The Truman} ^{Show}」(1998)는 '빅 브라더'에게 통제받는 삶의 일면을 보여 준다. '트루먼'이라는 인물은 매일 똑같은 일상을 반복한다. 「사랑의 블랙홀」이라는 영화가 떠오를 만큼 트루먼의 삶은 지나치게 반복적이다. 삶의 속성에 반복이 있긴 하지만 트루 먼의 삶에는 어떤 각본과 동선이 있어 보일 정도다. 그런데, 사실, 트루먼의 삶은 짜인 것, 각본이 있는 '연극'이다. 그만 모르고 있을 뿐이지 그는 사실 '그'가 주인공으로 등장하는 트루먼 쇼의 캐릭터였던 것이다. 그런데, 어느 날 트루먼은 뭔가 이상한 기미를 눈치챈다. 아내는 그와 이야 기를 하다가 어딘가를 응시한 채 공허한 포즈를 취하고 그가 조금만 동선을 달리하면 당황해한다. 처음으로 사랑을 느꼈던 여성은 어디론가 사라지 고 일상은 너무도 평온하게 지속된다. 이 평온의 지속성이 트루먼을 불안하게 한다. 그의 삶이 연 출된 것이라는 것을 알게 된 것이다.

트루먼은 결국 자신을 감시하는 체제인 '쇼' 에서 벗어나고자 시도한다. 그런데 그의 탈출기

자체가 또 다른 관심의 대상이 되고 엔터테인먼트의 소재가 된다. 억압에서 벗어나고자, 갇힌 삶을 깨뜨리고자 하는 트루먼의 노력은 빅 브라더의 통제로부터 벗어나려는 시민의 것과 유사하다. 흥미롭게도 억압은 때로 그것에 대한 반항과 거부의 의지를 불러온다. 감시당하고 있다는 것을 느끼는 순간, 그리고 갇혀 있다는 것을 감지하는 순간 그는 자유의지를 지닌 인간으로 바뀐다.

그렇다면 '트루먼 쇼'를 보는 시청자들은 어떨까? 영화 속에서 갇힌 인물은 '트루먼'이지만 실상 트루먼 '쇼'의 노예가 된 사람들은 관객들 그리고 시청자라고 할 수 있다. 시청자들은 '트루먼'이라는 인물을 통해 자기 삶의 노고를 잊고 연민을 투사하고자 한다. 하지만 정작 놓여나지 못하는 것은 트루먼이 아니라 프로그램 시청자이다. 시청자들은 '트루먼'이라는 흥미로부터 벗어나지 못한다.

「매트릭스The Matrix」*의 등장인물 중 한 명인 "사이퍼"***는 영화 속에서 이런 말을 한다.

"난 이것이 진짜가 아니라는 것을 알아도 이 맛이 너무도 좋아."

어쩌면 이 말은 최근 사이버 세상의 삶에 매혹당한 이들을 대변하는 것일지도 모른다. 온라인

■ 워쇼스키 형제가 각본, 감독을 맡은 영화로 미래 세계를 배경으로 인공두뇌를 가진 컴퓨터와 이에 대항하는 인간들 사이의 대결을 그린 공상 과학 영화. 1999년 1편이 개봉되었으며 2003년 2편과 3편이 개봉되었다.
■■ 사이퍼는 매트릭스의 실체를 알고 해방운동에 가담하다 진짜 세계의 결핍을 견디지 못하고 가짜 세계로 되돌아가기 위해 동료를 배반하는 인물이다.

상의 게임에 중독된 사람들은 그것이 진짜가 아니라는 것을 알면서도 시간과 체력을 소진한다. 그들이 중요시하는 레벨이나 아이템 등은 가상 위에 놓인 것들이다. 자신의 삶이 가짜인 것을 알고 벗어나고자 애썼던 트루먼과 달리 많은 인터넷 유저들은 그 가짜에 진짜 삶을 희생시킨다. '제3의 물결'이 가져온 쾌락이 어쩌면 '소마'일 수도 있는 셈이다.

정보화의 부작용, 개인 정보 ┃ 정보화 사회에서 중시되는 것은 바로 정보의 양과 질이다. 얼마나 많은 정보를, 얼마나 빨리 얻느냐가 곧 권력으로 여겨진다. 한정된 재화와 시간 속에서 더 많은 정보는 경쟁력을 암시한다. 더 많은 정보를 확보하는 것, 그것은 바로 정보화 사회에서 가장 중요한 능력으로 통하기도 한다.

그런 점에서 Y2K^{Year 2 Kilo problem} 사태는 정보화 시대의 공포가 어떤 것인지를 잘 보여주었다고 할 수 있다. Y2K는 두 자릿수로 인식하는 기존의 컴퓨터의 연산이 2000년대가 도래하면서 감당하지 못할 혼란을 겪게 될 것이라는 위기론을 뜻한다. 사람들은 2000년대가 도래함으로써 그동안 우리가 축적해왔던 수많은 정보들을 잃게 될까 봐 두려워했다. 사람들의 두려움은 정보가 사라질 수 있다는 데서 출발한다. 그런데 엄밀히 말해 정보화 시대의 가장 큰 공포는 정보의 사라짐이 아니라 어떤 정보든 전산화된 이상 절대 완전히 삭제될 수 없다는 데에 있다.

우리는 인터넷 서핑을 하면서 여기저기 알지도 못하는 사이에 전자 지문을 남기고 다닌다. 이러한 지문들을 통해 원하지 않는다 해도 우리의 일거수일투족이 밝혀질 수도 있다. 이는 곧 정보화 사회에 있어서 가장 큰 문제가 정보의 확보를 넘어서서 정보의 보안으로 넘어갔음을 의미한다. 누군가 나의 개인 정보를 사고팔기도 하고, 수치화되고 전산화된 나의 이미지 역시 누군가에게 언제든지 침범당할 수 있다는 뜻이다.

토니 스콧 감독의 「에너미 오브 스테이트 Enemy Of The State」(1998)는 'NSA'라는 모종의 정보 기관을 다루고 있다. 'National Security Agency'의 앞 글자를 딴 이 기관은 말 그대로 국가 안위를 위한 기관이다. 그런데 이 기관은 'No Such

Agency'라는, 그러니까, '그런 기관 없음'이라는 별칭을 지니고 있기도 하다. 왜냐하면 이 기관은 인간의 기본적 권리라고 할 수 있을 사생활을 침범하고 개인의 소중한 정보를 국가 기관이라는 명목하게 취합하기 때문이다.

영화 속에서 주인공은 우연히 비밀스러운 현장을 목격했다는 이유만으로 정부 기관의 추적을 받는다. 그들은 주인공의 카드 사용 기록, 휴대전화 사용 목록 등을 활용하여 그를 완전히 통제한다. 이러한 장면은 샌드라 불럭이 주인공을 맡았던 「네트^{The} ^{Net}」(어윈 윙클러, 1995)에서도 발견된다. 누군가 그녀의 정보를 지우고 조작하자 그녀는 마치 존재하지 않는 자처럼 대접받는다. '나'에 대한 모든 정보가 서버에 보관된 상황에서 그녀의 정체성을 규명하는 것은 육체가 아니라 파일이다.

1990년대 후반에 제작된 이 영화들은 정보화 사회의 미래에 대한 색다른 비전을 제시했다. 발달된 통신 기술과 흔적이 남는 크레디트 카드 사용의 일반화, 대중교통조차도 카드를 이용해 흔적을 남기는 시스템은 당시로서는 가능하지만 아직은 상상할 뿐인 일이었으니 말이다. 마치 카메라로 줌 인$^{zoom-in}$하듯이 개인을 찾아가는 인공위성, 초소형 도청 장치와 위치확인시스템GPS, 이러한 장치들이 영화적으로 쓰일 수 있다는 것은 한편 그것이 현실이라기보다는 공상에 가까웠기 때문이었을 수도 있다.

하지만 지금 우리는 영화 속 상황들이 기술적으로 실현될 수 있는 시대에 살고 있다. 마음만 먹고, 법제가 허용하기만 한다면 카드 사용 내역이나 휴대전화 사용 내역 및 사용 지역 확인을 할 수 있다. 이러한 과정들을 통해 한 사람의 24시간은 낱낱이 공개된다. 기록은 부정할 수 없는 사실이기 때문이다. 물론 개인의 정보를 국가 혹은 기관이 활용할 때에는 필연적인 이유가 있어야만 한다. 실제 우리나라에서도 일산의 아동 폭행 사건이나 몇몇 유괴 사건의 경우에는 용의자의 전자 지문이나 개인 정보가 중요한 증거 자료로 활용되었다.

위험성은 이러한 법 제도가 반드시 사회적 순기능을 위해 사용되지만은 않는다는 사실에 있다. 「에너미 오브 스테이트」에 등장한 NSA라는 기관은 유럽연합으로부터 그 존재를 비난받은 적이 있다. 그 기관이 국가 안보를 전면에 내세우면서 각국의 산업 정보를 캐내고 있었기 때문이다. 어디까지가 국가의 안위를 위한 것이고 어디서부터 이윤을 위한 침해였는지, 그 구분이 모호하다.

더 심각한 것은 개인의 정보가 본인의 의지와 상관없이 침범당하고 게다가 거래되기까지 한다는 점이다. 때때로 일간지를 장식하는 인터넷 쇼핑몰의 개인 정보 유출 사태만 해도 그렇다. 쇼핑몰 사이트에 기재했던 개인 정보는 범죄 집단에 의해 거래되기도 한다. 정보가 곧 돈으로 환산되는 시대라고는 하지만 여기서 거래되는 정보는 도둑질당한 장물의 밀매와 다를 바 없다. 앨빈 토플러가 제3의 물결이라고 칭하고 사람들이 정보화 사회의 도래를 이야기했을 때, 정보는 곧 권력이라는 등식이 성립되었다. 더 많은 정보, 질 좋은 정보를 먼저 갖기 위한 싸움에 과거 물리적 전투 이상의 관심이 쏟아졌다.

　　여기서 두 가지 정도의 문제를 도출할 수 있다. 하나는 정보화 사회에서 과연 개인의 사생활이나 통신의 비밀이 보장될 수 있는가의 문제이다. 두번째는 정보가 곧 권력이라면 정보의 경제적 활용이 또 다른 사회적 문제를 불러오지는 않을까의 문제이다.

　　정보를 더 많이 갖는 것이 중요한 시기가 있었다면, 지금은 바로 정보를 어떻게 유지, 보안할 것이냐가 바로 권력이 된 시기라고 할 수 있다. 후기 정보화 사회라고 부를 수 있는 지금, 중요한 것은 바로 수많은 침해로부터 나만의 비밀과 자유를 지킬 수 있느냐일 것이다. 정보는 권력이기만한 것이 아니라 바로 나의 정체성이자 권리이기도 하기 때문이다.

디지털 원주민과 디지털 이주민 | "당신은 디지털 네이티브 Digital native입니까, 아니면 디지털 이미그런트Digital immigrant입니까?" '디지털 네이티브'는 미국의 교육학자 마크 프렌스키가 2001년 논문 「디지털 원주민, 디지털 이주민」에서 처음 사용한 용어이다. 제목에서 알 수 있다시피 디지털 원주민 세대는 태어날 때부터 PC, 휴대전화, 인터넷과 같은 디지털 환경과 함께 성장한 세대를 일컫는다. 반면 디지털 이주민은 문자 문화에서 전자 문화로 이주해온 세대들이다. 대략 현재 30대 이상이 디지털 이주민 세대에 속한다.

2010년 이후 현재까지 스마트폰과 태블릿 PC는 단연 핫이슈이다. 스마트폰을 쓰지 않으면 바쁘지 않은 사람, 비교적 덜 중요한 일을 하는 사람처럼 여겨진다. 심지어 스마트폰을 쓰지 않으면 시대의 변화에 따르지 못하는 열등생 대우를 받기도 한다. 스마트폰은 단순한 기계가 아니라 이미지이고 상징이라고 할 수 있다.

흥미로운 것 중 하나는 스마트폰에 열광한 세대가 10대, 20대가 아니라 바로 디지털 이미그런트, 이주민 세대라는 사실이다. 10대는 입시 준비에 바쁘고 20대는 굳이 스마트폰에 의존할 만큼 온라인의 삶에 집착하지 않았다. 만만치 않은 가격도 한몫했다. 스마트폰이 제공하는 24시간 온라인의 삶은 30대 이상의 직장인들에게 유효했다. 수시로 이메일을 확인하고 주가를 점검하는 것, 업무 사이사이 SNS에 접속해 인간관계를 유지하는 것. 자기 '일'을 가진 30대에게 이 모든 것은 파격적인 오락이자 패션으로 받아들여졌다.

스마트폰이 스트레스폰이다, 라는 말이 떠돈 이유도 이와 상관있다. 아이폰으로 대표되는 스마트폰의 세계는 본능과 직관에 의존하고 있다. 그림이 보이면 건드리면 되고 다른 화면을 보고 싶다면 손가락을 움직이면 된다. 어렵다기보다 너무 쉽다.

문제는 이 본능과 직관이 교육 과정을 통해 거의 마모되었다는 점이다. 근대 교육 제도는 직관을 버리고 이성적으로 접근할 것을 가르쳐준다. 마구잡이로 건드릴 게 아니라 색인을 보고 설명서를 참고하라고 말해주는 것이다. 디지털 이주민에게 직관에 의존할 것을 권하는 스마트폰의 세계는 문고리 없는 문처럼 까마득해 보인다.

반면, 디지털 네이티브에 해당하는 어린아이들은 스마트폰이나 태블릿 PC의 세계를 겁내지 않는다. 이것저것 만지다 고장 날 것을 두려워하는 이주민들과 달리 원주민 세대들은 아무것이나 건드려본다. 핵심은 아무것이나 건드린다 해도 상관이 없다는 데에 있다. 스마트폰, 태블릿 PC로 대표되는 최근 디지털 기계들은 극단적 단순미로 승부한다. 그 어떤 아이콘이나 단추를 건드려도 다 작동이 되는 방식도 마찬가지이다.

물론 이 단순미는 복잡한 알고리즘에 의존하고 있다. 영화 「소셜 네트워크The Social Network」(데이비드 핀처, 2010)에 묘사되어 있듯이 단순하고 섹시한 모니터 화면 속 세상은 인구 1퍼센트 정도에 속하는 천재들이 복잡한 알고리즘을 거쳐 생성해낸다. 이 천재들이 만들어놓은 스마트한 세상은 사실 바보라도 운용 가능한 공간이다. 스마트한 것은 기계 자체이지 사용자가 아니라는 뜻이다.

화면 속에 서 있는 고양이를 두려움 없이 건드리고, 단 하나밖에 없는 온·오프 버튼을 직관적으로 찾아내는 아이들, 디지털 네이티브 세대에게 기계 언어는 모국어와 다를 바 없다. 문제는 디지털 이주민 세대일 것이다. 스마트한 세상에 뒤떨어지지 않기 위해 애쓰는 지금도 세상은 조금씩 더 직관적인 쪽으로 이동해가고 있다. 배우고 외워서 습득하려 하지만 이성적으로 이해하려 들수록 디지털 세계는 더 어려워진다. 디지털 문명은 이제 사유의 방식 그 자체의 변화를 요구하고 있다.

생각, 부수고 비틀기

- 영화 「소셜 네트워크」의 주인공 마크 주커버그는 웹상에서는 유능하지만 일상생활에서는 어딘가 적응력이 떨어지는 인물로 묘사되고 있다. 온라인에서의 이미지가 실제 이미지와 괴리될 수 있는 현상에 대해 논의해보자.

- 인터넷에서의 자유는 어디까지 허용되어야 할까. 무료 음원, 불법 다운로드 문제와 관련해서 고민해보자.

- 정보화 사회의 가장 큰 문제는 정보의 보안이라는 말이 있다. 타인의 정보를 보호해주는 것이 왜 중요하며 어떤 방법이 효과적일까에 대해 구체적 대안을 제시해본다.

03

영화사의
스캔들

신성모독 ┃　　　2006년 6월 개봉한 「다빈치 코드The Da Vinci Code」(론 하워드)는 개봉 이전부터 논란에 휩싸인 작품이다. 「다빈치 코드」를 둘러싼 논란의 핵심은 '표현의 자유'와 '종교의 자유'의 대립으로 요약된다. 그렇다면, 「다빈치 코드」와 관련된 '표현의 자유' 논쟁이 이전의 것과 다른 점은 무엇이고, 어떤 의미가 있는 것일까? 예술작품의 '표현의 자유'는 어디까지 용인되어야 하는 것일까?

　　　작품이 표현하고자 하는 한계를 조율하는 모종의 행위를 가리켜 검열이라고 칭한다. 검열이라는 단어 속에는 사유의 폭을 인위적으로 조율한다는, 강제성이 내포되어 있다.

현재, 편집권을 쥔 절대적 권력자는 사라졌지만 영화적 표현의 자유를 둘러싼 논쟁은 여전하다. 예수에 대한 새로운 해석을 담은 작품 「다빈치 코드」에 관련된 논쟁도 바로 여기에서 출발한다.

전 세계적으로 수천만 부 이상 팔린 댄 브라운의 소설 『다빈치 코드』의 영화화에 관련된 논점은 크게 두 가지 정도로 압축된다. 하나는 「다빈치 코드」가 제안하는 성배론이 예수의 신성을 모독한다는 것이고, 나머지 하나는 영화라는 매체가 워낙 대중에게 파급력이 크다는 점이다.

신성모독과 연관된 부분은 바로 예수 그리스도가 막달라 마리아와 결혼해 후손을 이었다는 상상과 관련돼 있다. 「다빈치 코드」의 저자인 댄 브라운은 전설처럼 전해져오는 예수의 성배를 다빈치의 그림 「최후의 만찬」과 결합해 기발한 상상력으로 재구성해낸다. 상상력은 그 후손이 현재 프랑스에 살아가고 있다는 데까지 확장된다.

한국기독교총연합회가 「다빈치 코드」 상영금지 가처분 신청을 내게 된 까닭은 바로 여기서 비롯된다. 성경을 기록된 그대로 역사의 신성함으로 믿는 자들에게 댄 브라운의 상상은 치욕스러운 위반에 불과하다. 상상력의 수위가 예수의 신성함, 그 근간 자체를 뒤흔드는 모독이기 때문이다. 따라서 보수적 기독교 단체에 있어 「다빈치 코드」는 있지도 않은 사실을 유포하는 획책이자 음모에 가깝다. 그런데 과연 특정 종교 단체가 주장하는 종교의 자유가 모든 사람들의 볼 권리를 능가할 수 있을까? 대답은 부정적이다.

신성모독이란 가톨릭이 유일무이한 종교였던 중세 유럽에서 발생한 특정법이다. 종교의 자유를 내세워 다수의 볼 권리를 조종하고자 하는 논리에는, 이미 그 안에 다른 종교의 자유를 침범하는 모순이 내재해 있다. 특정 종교를 믿는 자들에게 신성인 것이 다른 종교를 가진 자들에게는 가설일 가능성도 있다. 또한 같은 종교를 가진 자들일지라도 상상력을 대하는 태도가 다를 수도 있다는 것은 말할 나위 없다.

'가처분 신청 기각'이라는 법원의 결정이 알려주듯 「다빈치 코드」를 둘러싼 '표현의 자유' 문제는 신성모독이나 종교의 자유와는 다르다. 이를테면, 소설과 영화에서 묘사된 오푸스 데이Opus Dei[*]는 자신들의 면모가 왜곡된 채 묘사되었다고 수정을 요구했다. 오푸스 데이 측은 「다빈치 코드」가 그릇된 정보로 자신들의 명예를 훼손했음을 강조한다. 현행법상 영상물 표현에 대한 규제는 '피해자의 명예'와 '공공성'에 의

■ 성 십자가와 오푸스 데이(라틴어: Praela-tura Sanctae Crucis et Opus Dei)는 로마 가톨릭의 성직 자치단 중 하나이며 오푸스 데이회(會)라고도 한다. '오푸스 데이'는 '하느님의 사업' 또는 '신의 사역'을 의미하는 라틴어이다.

해 좌우된다. 잘못된 부분에 대한 수정을 요구하는 것과 상영금지 가처분 신청은 엄연히 다르다는 뜻이다.

지금은 꼭 읽어야 할 고전이 된 조너선 스위프트의『걸리버 여행기』나 톨스토이의『죄와 벌』역시도 발표 당시에는 신성모독 논란에 시달렸다. 어떤 점에서 성경에 기록된 예수의 말씀도 인간의 상상력의 일부라고 할 수 있다.「다빈치 코드」의 가설 역시 마찬가지이다. 영화가 보여주고 있는 예수에 대한 새로운 제안들은 기록과 기록 사이의 빈 공간에 채워진 상상력 자체이다.

문제는 상상 자체가 아니라 상상력의 의의와 가치이다. 이는「다빈치 코드」를 둘러싼 논쟁의 최고 수혜자가 영화 제작자와 작가라는 점을 염두에 두어야 한다는 뜻이기도 하다. 논쟁은 다양한 표현의 가능성을 허용하는 데서부터 시작해야 한다. 중요한 것은 표현된 것들의 의미와 가치를 가늠하는 수용자의 판단이다.

외설성과 폭력 ㅣ　　어떤 영화들은 그 영화의 해당 등급 때문에 화제가 되는 경우가 있다. 가령,

2007년 베니스영화제에서 황금사자상을 받은 「색,
계(色. 戒)」(이안, 2007)는 19세 이상 관람가라는
점 때문에 주목을 끌었다. 좀더 드러내놓고 말하
자면, 파격적 정사 장면 20분이 무삭제로 개봉되
었다,라는 사실이 이 영화의 본래 가치보다 먼저
언급되었다. 「파리에서의 마지막 탱고Last Tango in
Paris」(베르나르도 베르톨루치, 1972) 등의 영화들
도 역시 나이 제한과 등급 문제로 세간의 이목을
끌었던 작품들이라고 할 수 있다. 그렇다면 과연
이러한 문제들은 어떻게 판단해야 하는 것일까? 무조건 노출
장면이 과하다면 볼 수 없도록 해야 하는 것일까? 그렇지 않
다면 엄격한 규제를 통해 성인에게만 허용해야 하는 것일까?
검열과 등급의 관계를 최근 심각해지고 있는 인터넷 포르노
사이트 문제와 연관해 생각해볼 수 있다.

　　　주세페 토르나토레 감독의 「시네마 천국Cinema Paradiso」
(1988)에는 손에 종을 든 신부가 한 명 등장한다. 이 신부
는 마을 사람들이 볼 영화를 미리 보고 몇몇 장면들을 잘라
낸다. 보기 불편한 장면들이 등장했을 때 '그것을 편집해라'
라는 신호로 신부는 종을 흔든다. 그런데 그 장면들은 심각

하게 폭력적이거나 야한 장면이 아니다. 지금이라면 공중파 티브이 드라마에서도 흔히 볼 수 있는 장면, 바로 키스 신이다. 신부의 염결성은 엄격해서 가벼운 입맞춤뿐만 아니라 포옹도 허락지 않는다. 사람들은 영화 속 두 사람의 로맨스에 빠져들다가 갑자기 사라진 장면 때문에 실망하고 야유를 보낸다. 「시네마 천국」에서 빼놓을 수 없는 사랑스러운 에피소드들이다.

영화 「시네마 천국」에서 '신부'가 하는 역할은 '검열'이라고 할 수 있다. 실상 신의 이름을 통한 검열은 동서양을 막론하고 오랜 역사를 가지고 있다. 플라톤은 『국가론』에서 현실에서 가능한 최상의 정치 체제를 이룩하기 위해서는 예술에 대한 검열이 필요하다고 주장했다. 가톨릭 금서 목록과 같은 경우에서 알 수 있다시피, 여러 가지 예술적 표현들은 신의 이름으로 금지되고 단죄되었다.

짐작하다시피, 검열은 언론과 출판이 가져야 할 자유와 대립된다. 예술을 표방하는 출판이나 견제 기관으로서의 언론은 제도의 억압이나 감시에서 벗어나고자 한다. 검열의 문제가 정치적 투쟁으로 확장되는 까닭도 여기에 있다. 그런 점에서 등급제는 검열과는 근본적으로 다르다. 검열이 연령대를 무시하고 모든 이들에 대한 알 권리, 볼 권리를 제한하는 행위라면, 등급제는 연령을 세분화해 정보의 폭력으로부터 청소년을 보호하자는 것이 목적이다. 1968년 미국에서 제정된 영화등급제를 보아도 이러한 노력을 잘 알 수 있다. 미국의 영화는 모든 연령 관람 가능가General Audiences로부터 17세 미만은 입장이 불가능한 영화No one 17 and Under Admitted까지 세분화해 나뉘게 되어 있다. 아예 등급을 받기를 포기한 영화들은 제외하고 말이다.

이안 감독의 영화가 무삭제 개봉되었다는 것은 그만큼 이 영화의 작품성이 인증되었다는 것을 의미한다. 영화 속의 장면들은 전체 이야기의 흐름상 그리고 주제의 전달 면에서 필연적으로 등장해야 하는 것이다. 슬로베니아 학자 슬라보예 지젝은 외설과 예술의 차이를 '환상을 주느냐 아니냐'로 구분하기도 했다. 현실에서는 불가능한 일을 마치 있는 듯이 유혹할 때, 그것은 예술이 아니라 외설이다. 지젝에 따르자면 외설은 표현의 수위가 아니라 표현의 의도에 따라 판단되야 한다. 말초 기관을 자극해 현실을 잊고 잠시 환상을 선사한다면 그것이 바로 외설이다. 즉, 외설은 현실을 왜곡한다.

영화는 사회적으로 유통되는 공공언어이자 대중예술이

다. 영화가 미칠 수 있는 영향력이 크다는 뜻이다. 몇 년 전만 해도 "불법 비디오는 호환 마마보다 더 무섭다"라는 문구를 비디오 테이프마다 접할 수 있었다. 심각하게 생각해야 할 것은 검열이나 등급제가 손 닿을 수 없는 곳에서 포르노그래피가 난무하고 있다는 사실이다. 인터넷이 보급되면서부터 대두된 이 문제들은 불법 P2P 사이트와 복제를 통해 무한 증식하고 있다. 인터넷에 떠도는 콘텐츠들은 검열이 불가능할 정도로 사방에 산재해 있다. 소름끼치는 점은 이런 포르노그래피에 청소년과 아동 들이 무방비 상태로 노출되어 있다는 사실이다. 실용 가능한 검열이 필요한 시기이다.

표절 ｜　　　때로 어떤 작품들은 유사한 이야기 구조나 장면으로 표절 시비에 휘말린다. 영화뿐만 아니라 모든 표현 매체는 '표절'이라는 개념으로부터 자유롭지 못하다. 가요 같은 대중음악에서 시작해 소설, 논문에 이르기까지 개인의 창의력이 요구되는 모든 분야에서 표절 시비는 있어왔다는 것이다. 그렇다면 과연 영화의 표절 시비는 어떻게 봐야만 하는 것일까? 표절과 리메이크 그리고 오마주는 어떤 점에서 구별되는 것일까?

　　영화 「매트릭스」는 사이버 세계와 인간 그리
고 미래의 에너지 문제를 다룬 SF 영화이다. 「매
트릭스」는 특수 효과에 있어 현격한 진보를 보여
주었다는 점에서 영화사에 기록될 만한 중요한 작
품으로 인식되고 있다. 그런데 「매트릭스」의 탁월
한 면모는 특수효과를 비롯한 기술적 측면에만 국
한된 것은 아니다. 「매트릭스」는 실재와 가상에 대
한 실존적 질문을 SF라는 대중적 장르 안에 녹여
내고 있다. 심오한 질문들이 흥미로운 오락 영화의 문법으로
재탄생한 것이다.

　　눈여겨봐야 할 점은 「매트릭스」의 인상적인 장면 몇몇
이 오시이 마모루 감독의 애니메이션 「공각기동대」(1995)를
연상케 한다는 사실이다. 빗방울처럼 쏟아져 내리는 초록색
암구호문, 목 뒤 경추에 연결되는 메인 접속 케이블 등의 상
상력이 「공각기동대」와 닮아 있었던 것이다.

　　유사한 논란은 봉준호 감독의 영화 「괴물」(2006)에 대
해서도 있었다. 봉준호 감독의 작품의 캐릭터나 괴물의 형상
이 일본 게임의 것과 유사해 보인다는 설이다. 문학작품이나
음악에 있어서는 표절을 결정짓는 관습적 기준이 마련되어

있다. 가령 몇 줄 이상의 문장이 같을 때, 인용에 대한 표식 없이 무단으로 쓸 때, 몇 소절 이상이 같을 때 등등으로 말이다. 이에 비해 영화작품의 표절 시비에는 정확한 기준이 없다고 할 수 있다. 다만 그와 관련된 논란만 있을 뿐이다.

표절에 대한 정확한 기준이 없다는 것은 표절의 가능성을 높인다는 측면도 있지만 애먼 작품에 대한 무책임한 음모론을 허용하기도 한다. 사전적 의미에서 표절은 "다른 사람의 글을 취하여 자기가 쓴 것처럼 행세하는 행위"를 의미한다. 표절은 심각한 절도 행위이자 사기 행위이기도 해 법적인 처벌도 따른다.

문제는 표절을 가려낼 만한 기준이 모호하다는 사실이다. 표절은 몇 가지 측면에서 생각해볼 수 있다. 첫번째는 우연한 동시성에 대한 오해이다. 어떤 작품들은 우연히 동시에 발표되곤 한다. 이 유사성은 대개 소재나 발상 수준에서 발견된다. 따라서 이러한 경우는 표절이라 부르기 어렵다. 두번째는 음악에서의 샘플링처럼 몇몇 모티프를 차용하는 것이다. 이는 문학작품에서 볼 수 있는 인용이나 각주처럼 타인의 것을 내 작품 안에 끌어들이는 행위이다. 중요한 것은 차용은 자신의

작품 안에 자리 잡음으로써 전혀 다른 새로운 의미로 확장된다는 사실이다. 이러한 경우는 재창조에 가깝다. 세번째는 말 그대로 타인의 아이디어나 구상을 베끼는 것이다. 대부분 이런 작품들은 모티프로 삼은 작품을 철저히 숨긴다. 사건, 소재, 캐릭터와 같은 중요 부분을 베끼고 사소한 세부 사항만을 변조해내는 작품들이 이에 속한다.

오마주hommage라는 영화 용어를 반드시 기억해야 하는 까닭이 여기에 있다. 오마주는 '존경'을 뜻하는 프랑스어인데 주로 영화에서 특정 작품의 대사나 장면 등을 차용함으로써 해당 작가에 대한 존경을 표시하는 행위를 지칭한다. 가령, 브라이언 드 팔마 감독이 자신의 작품에 영화 「사이코」(1960)의 샤워 신을 넣거나, 쿠엔틴 타란티노가 중국 무협 영화 문법에 대한 애정을 「킬빌」(2003)의 격투 신에 차용하는 것 말이다. 한편 리메이크는 원작의 법적 권한 그러니까 저작권을 아예 사들여 새롭게 만들어내는 경우를 뜻한다. 똑같은 영화라 할지라도 리메이크는 합법적인 베끼기이며 반복인 셈이다.

표절작과 오마주, 리메이크 사이에는 분명한 차이가 존재한다. 그것은 바로 비슷한 장면이나 대사를 차용하는 이유가 존경이나 재창조냐 아니면 절도 행위이냐에 따라 달라진다. 이러한 개념들은 서로 충돌하거나 겹치기도 한다. 따라서 작품을 대하는 수용자의 태도와 영화를 만드는 주체의 양심이 가장 중요한 관건이 될 것이다.

생각, 부수고 비틀기

- 표현의 자유와 대립되는 사항이 꼭 '종교의 자유'만 있는 것은 아니다. 두 사항의 대립은 영화 「다빈치 코드」의 문제에서만 허용되는 특수성이다. 그렇다면 표현의 자유와 대립되는 다른 사항들에는 어떠어떠한 것들이 있을까?

- 헌법 21조는 '언론 출판의 자유를 보장'하고 있다. 한편 우리 헌법 21조 4항은 '언론, 출판은 타인의 명예나 권리 또는 공중도덕이나 사회윤리를 침해해서는 아니 된다'고 명시하고 있으며, 37조 2항에서는 국가 안전보장 질서유지 또는 공공복리를 위하여 필요한 때에는 법률로서 국민의 자유를 제한할 수 있다고 했다. 그에 관련된 자신의 윤리적 기준과 해석을 제시해보자.

- 과거 외설 논란에 시달렸던 작품들, 가령 오시마 나기사 감독의 「감각의 제국」이나 루이 말 감독의 「데미지」 같은 작품들이 예술성 측면에서 다른 평가를 받기도 한다. 어떤 점에서 평가를 받는지 생각해보자.

04

남한과
북한

영화적 소재로서의 남북문제 ㅣ　　　1999년 강제규 감독의 「쉬
리」는 남·북한 관계를 처음 블록버스터 문법의 영화로 만들
어 세상에 선보였다. 영화 속에서 남과 북의 오래된 긴장 관
계는 두 남녀의 엇갈린 운명을 만들어내는 장애물로 나타난
다. 두 사람은 남과 북이라는 분단 상황 때문에 위기에 처한
다. 1970년대에 태어난 사람들만 하더라도 북한 사람들은
늑대나 이리처럼 생겼다는 교육을 받고 자랐다. 남·북 관계
를 그린 영화 혹은 남과 북을 소재로 만들어진 영화들도 시
간이 흐름에 따라 달라진다. 그렇다면, 영화 속에서 남과 북
은 어떻게 그려져왔을까?

한국전쟁 이후 1980년대에 이르기까지 한국 영화 속에서 남과 북은 선과 악의 대결로 그려지곤 했다. 전우애를 강조하는 「빨간 마후라」(신상옥, 1964) 같은 영화에서 군인들의 위상은 드높여졌고 북한군은 피도 눈물도 없는 악당으로 그려지기 일쑤였다. 이러한 상황은 학교 교육에서도 동일하게 반복되었다. 「똘이장군」*으로 대표되는 교육용 애니메이션 속에서 북한의 정치 지도자는 돼지로 묘사되었고 북한군은 늑대로 그려졌다.

■ 1978년 제작된 반공 애니메이션 영화. 김청기 감독의 영화로 1979년에는 「간첩 잡는 똘이장군」이 제작되었고, 「암행어사 똘이」 「공룡 백만년 똘이」 등의 시리즈로 이어졌다.

하지만 시간이 흘러 소비에트 연방 체제가 무너지고 냉전시대가 끝나감에 따라 자연스럽게 남과 북의 관계도 달라지기 시작했다. 달라진 남·북 관계와 그 이미지가 영화 속에 본격적으로 반영된 것이 바로 「쉬리」이다.

「쉬리」는 남과 북으로 나뉜 한국의 분단 상황을 영화적 주제가 아니라 소재로 끌고 들어왔다. 신분의 차이나 집안의 반대 때문에 서로 헤어지거나 죽음을 맞이할 수밖에 없는 연인들처럼 「쉬리」의 주인공들은 남한 정보국 직원과 북한 공작원이라는 장애물 때문에 비극적으로 헤어지고 만다.

「쉬리」에서 가장 눈에 띄는 것은 북한 공작원을 혹독한 군사 훈련을 받고 냉혈한 살인 기계로 남파된 인물로 묘사한 점이다. 「쉬리」에 묘사된 북한군들은 할리우드 블록버스터

영화에 등장하는 특수부대원의 모습과 닮아 있다. 북한군과의 국지전을 그려내는 솜씨도 분단의 참상을 그려낸다기보다는 전형적 전쟁 액션 영화의 스케일과 유사하다.

남한과 북한의 관계를 그려낸 영화 중 그 변화를 짚어낼 수 있는 중요한 작품으로 박찬욱 감독의 「공동경비구역 JSA」를 빼놓을 수 없다. 이 영화 속에서 남한군과 북한군은 말투와 국적, 정치적 이념과 체제가 다를 뿐 인간적으로는 다를 바 없는 존재들로 그려진다. 남과 북을 나누고 있는 경계는 눈에 보이지 않는 마음의 장벽일 뿐이다. 영화 속 남과 북을 나누는 다리 위에 아무런 장애물이나 경계석이 없다는 것은 이를 잘 보여준다.

남한군은 용기를 갖고 북으로 가서 초코파이를 나눠 먹고, 음악을 함께 들으며 친구가 된다. 다른 누군가에게 들키지 않는 이상 북한군과 남한군의 우정에는 별다른 변화가 없을 듯이 보인다. 물론 영화는 마지막에 이르러 결코 두 사람의 우정만으로는 남·북 관계가 해결될 수는 없다고 말한다. 「공동경비구역 JSA」는 남과 북을 같은 언어를

쓰는 단일민족이라는 관점으로 바라보았다는 점에서 주목할
만하다.

2005년 개봉했던 영화 「웰컴 투 동막골」(박광현)에서
도 남한과 북한은 적인 줄 알았지만 결국은 친구인 존재로
그려진다. 전쟁조차 피해간 초가삼간 골짜기 마을 동막골에
서 우연히 마주친 남·북 잔류병들은 군복과 이념 너머의 가
치를 발견하게 된다. 그들은 하나가 되어 마을을 공격하는
외부 세력에 맞선다.

그런 의미에서 「의형제」(장훈, 2010)를 이 영화와 비
교해보면 재미있는 점을 발견할 수 있다. 「의형제」는 국가정
보원 직원이었던 남자와 남파 간첩이었던 다른 한 남자의 동
거와 우정을 그려나가는 작품이다. 흥미로운 것은
국정원 직원은 지금 흥신소에서 사람을 쫓는 일이
나 하고 남파 공작원 역시 공장에서 잡역부 일이
나 하고 있다는 사실이다. 그들은 모두 국가로부
터 버림받은 인물로 그려진다.

전직 국정원 직원과 전직 남파 공작원은 현
직 흥신소 사장과 부하의 관계로 다시 만난다. 제
목이 암시하듯, 그들은 남과 북의 적이 아닌 가족
을 책임져야 할 불쌍한 가장으로서 친구가 되고

형제가 된다. 비록 피를 나눈 형제는 아니지만 두 사람은 서로를 이해하면서 하나가 된다.

영화 속에서 남북 관계나 정치적, 이념적 차별과 긴장은 거의 드러날 일이 없다. 남·북 관계가 중요한 배경이기는 하지만 두 사람의 운명을 좌지우지할 만큼 강렬한 것이 되지 못한다는 의미이다. 이렇듯, 영화 속 남북 관계는 시대에 따라 그 질감이 달라진다. 영화에 달라진 시대의 분위기가 반영되어 있는 것이다.

민족주의와 남북한 관계 |　　　　민족주의와 국가주의는 비슷한 개념인 듯하지만 분명히 다르다. 2002년 개최된 월드컵이나 WBC에서도 민족주의나 국가주의는 모호한 채로 군중 사이에 떠돌았다. 세계화Globalization가 대세였던 1990년대의 분위기가 무색할 만큼 동시대, 2000년대는 국가 제일주의나 민족 제일주의 경향으로 흐르고 있다. 과연 동시대 우리에게 요구되는 민족이나 국가 개념이 어떠한 것이며 이상적인 민족관이나 국가관이 어떤 것일지 구체적인 작품을 통해 제시해보자.

강우석 감독의 2006년 작 「한반도」는 가상의 역사적 사건을 단초로 시작된다. 그 가상의 역사적 사실은 현재 도라산 역까지 완공된 경의선이 북한을 너머 신의주까지 연장된다는 것이다. 문제는 남북의 협의로 이루어진 경의선 완공을 일본이 조인하지 못하겠다는 데서 비롯된다. 일본이 조인을 부정하는 이유는 한 세기 이전으로 거슬러 올라간다. 바로 대한제국이 경의선의 소유권을 일본 제국에 넘겼다는 것이다. 영화는 이제 일본 측의 주장을 무화시키기 위해 노력하는 방향으로 진행된다. 학계에서 축출당한 외골수 사학자가 국새의 진위 여부를 밝히겠노라고 나서고 대통령은 그 제안에 적극 동의한다. 이에 정부 관료들의 입장은 두 가지로 양분된다. 현재의 상황을 고려해 일본과의 관계를 개선하자는 입장과 진실을 규명해 일본과의 불편한 관계 자체를 청산하자는 입장, 두 가지로 말이다.

한국과 일본의 불편한 과거와 현재를 병렬적으로 제시하며 진행되는 영화 「한반도」는 지금 현재 우리의 주적이 누구인지를 극명하게 드러내는 영화이다. 에둘러 말할 필요도 없이 「한반도」가 제시하는 우리의 적은 오랜 역사 속에서 단 한 번도 속내를 나누었다고 할 수 없을 일본이다. 한·일 월드컵 공동 개최와 같은 공식 기록을 보면 한국과 일본은 동

아시아의 역사를 견인하는 우호적 관계로 표현되어 있지만 실상 민족적 정서상 한국과 일본은 결코 가까워질 수 없다고 말하는 편이 옳을 것이다.

한국과 일본의 불편한 속내는 일제 강점기라는 역사를 공유하고 있는 양국의 과거에서 기인한다. 영화 「한반도」가 겨냥하고 있는 공감의 지점도 바로 이 부분이다. 일본에 대해 가지고 있는 한국인의 정서, 결코 용서하거나 가까워질 수 없는 이웃 국가, 일본에 대한 오래된 적대감 말이다.

독도 영유권 문제로 시끄러웠던 2006년도 초반 국제정서와 2006년도 월드컵의 열기를 기반으로 개봉했던 영화 「한반도」가 주창하는 것은 격정적 국가주의와 민족주의이다. 영화 「한반도」는 남한과 북한의 민족적 동일성을 일본과의 불편함을 드러냄으로써 강화해나간다.

엄밀히 말해 국가주의와 민족주의는 다른 개념이다. 국가가 다양한 민족과 더불어 성립 가능한 일종의 체제라면, 민족은 혈통의 계보를 통해 축조된 불변의 개념이다. 문제는 「한반도」가 단일민족으로 이루어진 한국의 민족 정서를 자연스럽게 국가제일주의와 연계하는 데서 발생한다.

「한반도」가 제시하는 민족주의는 일본을 타자로 배제

하는 국가주의이다. 얼핏 보아 남한·북한의 자율성을 강조하는 드라마 같지만, 엄밀히 말해 이 영화 속에서 북한이 단한 번도 제대로 다뤄지지 않는 까닭도 이 때문이다. 북한은 같은 민족이기 이전에 장식적 소재로서 일본이 우리 국가를 침입할 구실로 이용할 때만 등장한다.

결국 「한반도」는 한국인에게 내재되어 있는 은밀한 반일 감정을 극우적 민족주의로 변질시킨 채 가슴 아픈 한국사의 상흔을 치유하는 낭만적 환상으로 거듭난다. 역사의 상처를 환상적 가상 역사로 위무하고자 하는 「한반도」의 시도는, 역사라는 문제에 대한 분명한 인식이 아닌 감정적 오인만을 창출했다고 보는 편이 옳다. 타민족을 부정하기 위해 헤쳐 모인 단일한 국가주의는 역사적 문제를 반성하고 새로운 미래를 준비하는 이성적 자세와는 거리가 멀다. 역사는 환상적 각색의 대상이 아니라 거듭 고쳐 보아야 할 아픈 상처일 때 더 유효한 현재일 수 있다.

시간의 흐름과 남북한 소재 영화의 변화——

「간첩 리철진」에서 「고지전」까지 | 「간첩 리철진」(장진, 1999)은 간첩이라는 민감한 소재를 한국 영화사상 거의 처

음, 코믹하게 다뤘던 작품이다. 남한 문화에 익숙하지 못한 북한 출신의 공작원은 한 집안에 침투하긴 하지만 어쩐지 어설픈 일들만 만들어낸다. 「간 큰 가족」(조명남, 2005)의 접근법도 유사하다. 살날이 얼마 남지 않은 아버지의 마지막 소원을 들어주기 위해 가족들은 통일을 연출하고 그 과정에서 빚어지는 웃지 못할 일들을 코미디로 만들어내고 있다. 이 두 작품은 우리가 남한·북한이라는 역사적이면서도 정치적인 현안에 대해 조금은 거리를 두고 여유 있게 생각하게 되었음을 단적으로 보여준다. 이산가족 상봉처럼 눈물과 고통으로 회고되었던 분단 현실을 조금 다른 방식으로 재현해준 것이다.

그런데, 남북 문제만큼 그 접근법이 다양해지는 소재도 드물다. 남북 관계가 햇볕처럼 따뜻할 때도 있지만 냉랭한 휴전 상태로 각성되기도 하기 때문이다. 장훈 감독의 두 작품은 이런 변화를 잘 보여준다. 2010년작 「의형제」에서 장 감독은 남북 문제를 양국가의 다른 정치적 체제가 아닌 개인의 문제에 초점을 맞추어 형상화한다. 남파된 북한 공작원과 남한 정보 기관 요원의 관계를 북에서 버림받은 전직 공작원과 남한의 전직 정보 기관 요원의 만남으로 바꿈으로

써 그들의 국가적, 정치적 정치성을 희석시키고 개인으로서
의 두 인물을 강조한 것이다. 남과 북이라는 거대한 정치적
밑그림이 그려져 있기는 하지만 체제는 배경에 불과하다. 국
정원 전직 간부 이한규는 도망간 베트남 처녀를 잡아 돈을
벌고, 전직 남파 공작원 송지원은 조국의 명령을 기다리며
잡역부로 위장 근무 중이다. 「공동경비구역 JSA」나 「쉬리」
「웰컴 투 동막골」처럼 남북 분단은 중요한 배경이지만 앞선
영화들과 달리 절대적 장애물이 되지 않는다.

　　이러한 관점은 장훈 감독이 1년 후 만든 「고지전」에서
좀더 분명해진다. '애록'이라는 고지를 두고 수백 번의 전투
를 치르는 그곳에는 '영토'라 불리는 경제학 외에 다른 것은
없다. 민족이나 민주주의 혹은 공산주의와 같은
이념들이 우습게 배제되는 것이다. 1년에 3백 번
정도 주인이 바뀌는 애록은 단지 중요 협상 의제
일 뿐이다. 경제 수역을 두고 갈등하는 인접 국가
들처럼 '휴전'이라는 정치적 사안을 두고 양국가가
'애록'이라는 경제적 게임을 한다.

　　「고지전」은 지금까지 「태극기 휘날리며」(강
제규, 2003)와 같이 격정 액션 멜로로 그려졌던
방식과는 다른 시선으로 전쟁을 보여준다. 전쟁을

민족 단위의 내전이라기보다 지도층의 정치적 의도와 그로 인해 발생된 무고한 피해자의 입장에서 그리고 있는 것이다. 이렇듯 남한·북한 문제 그리고 한국전쟁을 보는 시선과 그리는 태도는 시간의 변화에 따라 달라지고 있다. 어쩌면 영화는 이 변화를 가장 극적인 형태로 제시해주는 증거일지도 모르겠다.

생각, 부수고 비틀기

- 남한·북한 관계처럼 시대와 시간의 흐름에 따라 달라지는 소재에는 또 어떤 것이 있을까?

- 역사적 문제는 시간의 흐름에 따라 새롭게 재해석되곤 한다. 어떤 역사적 소재를 영화화한다면 재미있을까?

- 한국사의 큰 상흔인 한국전쟁은 다양한 영화적 상상력으로 허구화되었다. 홀로코스트와 같은 상처가 영화화된 상황들도 이와 유사하다. 왜, 역사적 상처를 영화적으로 재구성하는 것일까? 기억에 남는 영화를 예로 자신의 논리를 전개해보자.

05

영화 기술의
진보와
영화의 미래

영화 「아바타」(2009)는 시간 대비 최다 관객 동원 수의 기록을 경신했다. 제임스 캐머런 감독이 심혈을 기울여 만들었다는 이 영화는 여러모로 SF적 환상을 채워준다. 이 환상은 한편 우리가 영화를 통해 대리 체험해보고 싶은 경험들의 다른 이름이기도 하다. SF는 대부분 아직 현실화되지 않은 미래를 그린다. 로봇이 대신 일해주거나 범죄가 예견되는 사회는 실상 우리가 현재 꿈꾸는 사회이기도 하다. 그래서, 「아바타」에도 우리의 욕망이 들어가 있다.

「아바타」는 언제인지 불분명한 '미래'를 배경으로 시작된다. 그 '미래'는 지구 밖 어딘가로의 여행이 자유로워지고,

불편한 몸이 완치될 수 있는 시대이다. 그런데 한 가지 흥미로운 것은, 그 미래에도 여전히 전쟁은 있다는 것이다. 주인공 제이크 설리는 베네수엘라 참전 용사로 묘사된다. 우주선을 타고 행성 간을 오가는 미래에도 여전히 국지전은 펼쳐진다.

영화의 배경이 되는 행성 판도라에서도 전쟁이 한창이다. 전쟁은 나비족이 살고 있는 주거지 아래 매장되어 있는 값비싼 대체 에너지원 때문에 일어났다. 인간들은 갖은 회유책을 동원해 나비족을 매장 지역에서 내쫓고자 하지만 협상은 이루어지지 않는다. 인간이 나비족에게 원하는 것은 있지만 나비족은 인간에게 아무것도 요구하지 않기 때문이다. 그들은 단지 자신들이 살고 있는 그곳에 조용히 지내고 싶어한다.

자원을 노리는 사람들은 나비족과 닮은 아바타를 신경망과 연결해 협상을 타결하고자 한다. 하반신을 쓸 수 없는 제이크는 죽은 쌍둥이 형의 아바타에 접속해 나비족과 만난다. 그는 인간의 목적을 달성하기 위해 나비족에게 접근하지만 조금씩 그들의 철학과 생활 방식에 동화되어간다. 나비족의 생활 방식은 다름 아닌 '조화'였기 때문이다.

네이티리를 비롯한 나비족들은 자연이 주는 것을 이용

하지만 감사하며 언젠가 그것을 돌려주리라는 마음으로 살아간다. 풀과 나무에도 영혼이 있다고 믿으며 자신의 삶이 누군가에게 빚지고 있음을 늘 염두에 둔다. 하지만, 사람, 인간의 사고는 정반대이다. 인간은 주어진 것을 활용하려고 한다. 그런데 그 활용은 곧잘 파괴로 이어진다.

하반신이 불편한 제이크는 두 가지 점에서 점점 아바타로서의 삶에 매혹된다. 하나는, 인간일 때의 결함과 신체적 불편을 아바타가 극복해준다는 점이다. 아바타 제이크 설리는 형광 빛으로 빛나는 판도라 정글을 뛰어다니고, 말을 타며, 하늘을 난다. 아바타로서 제이크는 전사로서의 과거 자기 모습을 되찾는다. 반면 현실의 거울 속에 놓인 제이크는 수염이 덥수룩하고 몸이 불편한 퇴역 용사에 불과하다.

또 하나의 이유는 성과와 대가를 요구하는 인간 세계와 달리 판도라의 삶은 평화 그 자체라는 점이다. 판도라는 일부러 무엇인가를 더 원하지 않아도 자족적인 삶이 보장된다. 그곳은 욕망에 의해 조종되는 인간 생활과는 달리 자연의 순리가 세상을 지배한다.

제이크는 만약 천국이 있다면 판도라일 것이라 믿기

시작한다. 그 천국은 비옥한 땅과 젖과 꿀이 넘치는 환상의 공간이 아니라 주어진 환경을 감사히 받아들이는 마음의 변화에서 발견된다. 욕망을 버리자 천국은 찾아온다.

결국, 제이크 설리는 인간으로서의 자기를 버리고 환상이자 가상의 공간이었던 아바타의 세계로 건너간다. 흥미로운 것은, 어쩌면 제이크 설리의 이러한 영혼 이주가 게임이나 인터넷에 빠져 있는 현대인들의 심리를 대변하고 있다는 사실이다. 제이크 설리는 아바타를 통해 자신의 결함을 보충한다.

24시간 인터넷에 접속하고 싶어 하는 중독적 네트워크 인간들의 형편도 마찬가지이다. 그들은 현실이 제공해주지 않는 무엇을 네트워크에서 얻는다. 현실에서의 그가 하나의 이름을 가졌지만 익명적 존재에 불과하다면, 웹상에서 그의 아바타는 군주가 될 수도 있고, 군인이 될 수도 있고, 막강한 부와 권력을 지닌 자가 될 수도 있다. 무기를 빼앗아 누군가의 영토를 침범할 수도 있고 현실에서 만날 수 없는 아름다운 미녀를 만나 가상 결혼을 할 수도 있다.

제임스 캐머런 감독은 현실에서 이룰 수 없는 것들을 거짓 이미지로나마 채워주는 것, 그것이 바로 영화가 아니냐고 묻는다. 관객들은 완벽한 수준으로 재현된 기술력을 통해 제이크처럼 실감나게 하늘을 날고, 형형색색의 공간을 걷는다. 현실을 잊게 하는 인터넷의 마술과 가상을 실감나게 가시화해주는 영화적 기술이 만나 환상은 실현된다.

관객들은 3D 안경을 끼고 영화를 보는 세 시간 동안 완전히 현실을 잊을 수 있다. 열려라 참깨, 라고 외치면 열리는 마술 동굴처럼 영화는 그렇게 현실과 나를 분리해준다. 어쩌면 우리는 지금, 간절히, 현실을 이탈할 아바타를 원하고 있는지도 모른다.

생각, 부수고 비틀기

- SF를 공상과학 영화로 해석하기도 한다. 그렇다면 SF 영화는 환상을 주는 매체일까, 아니면 현실을 다시 깨닫게 해주는 매체일까?

- 대개 SF 영화는 과학 기술의 남용으로 인한 해악을 다루는 경우가 많다. 대표적으로 스티븐 스필버그 감독의 「A·I」나 소설 원작인 「아이로봇」 등을 들 수 있다. 왜 SF는 대개 유토피아가 아닌 디스토피아로서 미래를 상상하는 것일까?

- 영화가 일상생활의 괴로움을 잊게 하는 일종의 놀이라고 말하는 사람들도 있다. 컴퓨터 그래픽이나 특수 효과의 발전이 놀이로서의 영화에는 어떤 영향을 미칠까?

06

도시화와
그 적들

산업화, 계급에서 계층으로 ㅣ   산업화란 농업 중심의 국가가 공업 중심적인 사회 경제 질서로 전환되는 과정을 일컫는다. 이러한 변화가 일어나는 것을 특수한 계기 혹은 명료한 원인으로 규명할 순 없다. 하지만, 산업혁명이 일어난 이후 서구 사회의 발전 과정과 변화 양상을 살펴보면 그것을 산업화라고 부를 수 있다는 것을 알 수 있다. 서유럽과 북아메리카 국가들의 초기 산업화 양식은 이후 다른 나라, 지역에서 일어나는 산업화의 원형이 되었다. 증기 기관, 문자 인쇄술의 발견과 발전은 인간의 노동력을 활용하는 데 크나큰 변화를 가져왔다. 변화는 다만 산업에만 국한되지 않았다.

18세기 산업혁명을 통해 유럽은 봉건사회에서 시민사

회로 변화하게 된다. 한편 기존의 세계가 신분을 중시했다면
자본을 중시하는 사회로 바뀌게 된다. 선천적 계급에 의해서
정해지던 사회적 지위가 사회적 계층을 통해 재형
성되었던 셈이다.

　　농업 위주의 산업들이 공업 중심으로 바뀌어
사람들은 도시에 몰려들고 공장 지대가 생겨났다.
이러한 변화와 함께 사람들의 소소한 생활 방식에도
변화가 일어났다. 가령, 대가족 제도가 점점 사라지
고 핵가족이 된다거나 이익 집단의 형태가 새롭게
발생한 것처럼 말이다.

　　산업화는 경제적으로 인류에게 많은 혜택을
주었지만 전통적 삶의 방식을 와해하면서 여러 가
지 폐해도 양산했다. 개인의 이동과 사적인 자유가
여러 가지 대가를 요구한 것이다. 마르크스나 에밀
뒤르켐 같은 학자들은 노동이 노동자들을 '소외'▪
하는 현상 그리고 사회의 기초 질서가 급격히 무너
지는 '아노미anomie'▪▪의 위험을 지적했다.

　　분명 산업화 과정 속에는 개인의 가치가 무시
되고 재화나 자본의 가치를 훨씬 더 높이 치는 일들
이 일어났다. 가족과 공동체가 해체되는 무질서를

▪ 소외[Alienation, 疎外, Ent-
fremdung(독일어)]. 인간이 오히려
자신이 노동으로 만들어낸 생산물에
의해 지배되는 상황을 가리켜 마르크
스가 말한 개념이다. 사회적 각종 관계
나 금전, 이데올로기 등은 모두 인간이
만들어낸 것인데 오히려 이러한 산물
들에 의해 지배되는 상황을 일컫는 것.
철학사를 살펴보자면 피히테와 헤겔에
의해 처음 시작된 말이기도 하다. 이후
헤겔의 관념론을 거쳐 마르크스에 이
르러 우리가 지금 말하는 '노동으로부
터의 소외'라는 개념으로 심화되었다고
할 수 있다.

▪▪ 무법, 무질서의 상태를 의미하는
그리스어 아노미아anomia에서 비롯
되었다. 뒤르켐이 『사회분업론』(1893)
과 『자살론』(1897)에서 사용한 뒤 이
용어가 전반적으로 퍼지게 되었는데,
뒤르켐은 구성원의 행동을 규제하고
조정하는 공동의 가치나 도덕이 사라
진 혼돈 상태를 지칭했다. 중요한 것은
뒤르켐이 이러한 아노미 현상이 산업
화가 점점 진행될수록 더 심해질 것이
라 예측했다는 점이다.

경험하기도 했다. 문화적, 역사적 의미에서 산업화를 언급할 때 이 말은 성장 위주의 사회적 메커니즘이 불러오는 여러 가지 문제점의 원인인 경우가 많다. 개인이 고립되고 전통적 가치가 무시되고 있는 상황 말이다.

성장의 메커니즘은 빈곤의 문제를 해결한다기보다 빈부 격차를 확대하고 인간의 소외감을 극대화했다. 20세기 말 주요 산업국가에서는 자동화된 기술, 점차 확대되는 서비스 분야, 도시 교외 확장 등으로 농업 사회에서 공업 사회로의 이동을 끝내고 다른 문제들과 마주하고 있다. 이를 후기 산업화 사회라고 칭한다. 후기 산업화 사회에서는 상품의 기호적 가치, 절대적 빈곤과 무관한 인간 소외, 자본의 물신화 양상과 같은 문제점들이 좀더 심화되는 것을 목격할 수 있다.

한국의 경우, 산업화 문제는 한국전쟁 이후 1980년대 이전까지 중요한 화두였다. 이농 현상, 도시로의 집중, 소외, 아노미와 같은 현상들이 집중적으로 발생했다. 현재 우리나라는 후기 산업화 사회의 문제를 경험하고 있다. 가령, 이제 사람들은 집을 필요로 하는 게 아니라 '강남'의 '브랜드 아파트'를 원하는 것 때문에 자신이 여전히 가난하다고 느낀다. 절대적 결핍이 상대적 빈곤으로 달라진 사회를 바로 후기 산업화 사회라고 볼 수 있다.

언제부터인가 사람들은 단순히 차가 아니라 어떤 엠블럼을 원하고 가방이 아니라 특정 로고를 욕망하고 추구한다. 그렇다면 이제 산업화의 문제는 20세기의 과거사로 정리되는 것일까? 여러 국가의 영화를 통해 산업화의 양상 그리고 그것이 초래하고 있는 문제점들을 살펴보자.

산업화 과정 속 오래된 숙제들 |　　　황석영의 「삼포 가는 길」, 조세희의 소설 『난쟁이가 쏘아올린 작은 공』, 김승옥의 「누이를 이해하기 위하여」의 공통점은 무엇일까?

이 작품들은 모두 산업화와 근대화의 폐해를 구체적 인물의 삶을 통해 조형해냈다고 알려졌다. 1970년대 유행했던 「영자의 전성시대」라는 영화 시리즈물 역시도 마찬가지이다. 그런데 과연 근대화, 산업화란 무엇일까? 교과서에 실린 소설을 배울 때 숱하게 듣는 이 단어의 진정한 의미는 무엇이고 또한 그 폐해는 무엇일까? 앞서 잠깐 언급했던 중국 영화 「스틸 라이프」는 이 문제에 대해 여러 가지 시사점을 준다.

우리에게 있어 산업화 혹은 근대화는 서구 문명의 도입과 농경 사회로부터의 이탈을 의미한다. 이를테면, 「삼포 가는 길」의 마지막 장면, 고향이 없어진 한 사내의 면모는 이를 잘 보여준다. 고향 상실이라고 이야기되기도 하는 이러한 현상은 농경이나 수산업으로 유지되어오던 1차 산업이 점차 사라져가는 상황에서 발생했다.

　　한국전쟁 이후 1960～1970년대를 걸쳐 본격화된 산업화로 인해 점차 일자리는 대도시에 집중되게 되었다. 젊은 인력들은 고향을 등지고 도시로, 도시로 몰려들었지만 대도시의 삶은 고됐다. 형편없는 현장에서 일해야 했고 수고에 비해 너무도 헐값인 임금을 지급받곤 했다. 도시는 인정사정을 봐주지 않았다.

　　산업화의 폐해를 격렬하게 형상화하는 시기는 대개 1차 산업에서 2차 산업으로 넘어가는 과도기이다. 한국전쟁 이후 1980년대까지의 한국 사회 역시 마찬가지였다. 하이 테크놀로지 시대 최첨단 산업 국가 대열에 합류한 우리에게 있어 '산업화' 혹은 '산업화의 폐해'라는 용어는 이미 실감나지 않는 과거의 일처럼 여겨진다. 황금만능주의가 더 이상 비난이 되지 않을 정도로 사회가 변한 것이다.

　　지아장커 감독의 「스틸 라이프」가 특별하고 값어치 있는 작품으로 받아들여지는 까닭도 여기에 있다. 1982년 금융 시범 개방으로 시작된 중국의 산업화는 현재, 예상 이상의 변화를 가져왔다. 굳게 닫혀 있던 시간과 비례할 만큼 변화의 속도는 빨랐고 흡수의 정도도 높았다. 가장 늦게 자본주의와 접촉한 중국이라는 나라는 어느새 세계 어느 곳보다 빈부 격차가 심한 황금만능주의 세계가 되어버렸다. 「스틸 라이프」는 눈 깜짝할 사이에 변해버린 중국의 현재를 냉정하면서도 객관적인 시선으로 바라보고 있다.

영화의 배경은 중국 지폐에 사용될 정도로 유명한 명소, '삼협'이다. 이제는 댐이 되어 가라앉아버린 삼협에 한 남자가 찾아온다. 그는 도망간 아내를 찾아 아내의 고향에 왔다. 하지만 찾아온 주소지는 수몰된 지 오래다. 댐을 만들면서 사람들이 살던 마을은 점차 사라져가고, 철거 작업을 위해 일하는 이방인들로 북적인다.

아내를 찾아온 남자 역시 그곳에 잡역부로 취직해 일한다. 가까스로 아내를 찾아내지만 아내는 자신을 데려가려면 돈을 가져와야 한다고 말한다. 또 한 명의 다른 인물도 등장한다. 그녀 역시 남편을 찾아 삼협에 온다. 남편을 찾기는 하지만 그는 이미 돈 많은 여사장과 정분이 난 지 오래다.

삼협이라는 곳은 돈으로 시작해 돈으로 모든 것이 결정되는 장소다. 길을 물어봐도 돈을 주어야 하고, 아내를 찾으려 해도 돈이 든다. 돈 때문에 남편을 뺏긴 여자의 형편도 다르지 않다. 그런 의미에서 지폐 속 도안으로 그려진 삼협은 돈이 절대적 가치가 되어버린 중국의 현재를 상징한다고 할 수 있다. 삶이 지폐 안 풍경이 되어버린 것이다.

비단 돈이 최고인 곳은 중국뿐만이 아닐 것이다. 중국은 가장 늦게 자본주의와 접촉했지만 가장 빨리 그것을 흡수한 국가이기도 하다. 그만큼 산업화의 폐해도 급속히 드러났다. 우리의 문학과 영화가 50여 년에 걸쳐 고민하고 형상화했던 문제들이 중국이라는 거대한 대륙 안에서 10여 년 정도의 짧은 시간 안에 펼쳐지고 있다. 중국의 현재를 통해 우리의 과거를 되돌이켜보게 되는 까닭도 여기에 있을 것이다.

「스틸 라이프」는 산업화, 근대화를 그려낸 수작임에 분명하다. 감독은 산업화로 인해 급속히 변해가는 중국의 현실에 대해 격분하기보다 조용히 응시하고 판단한다. 자본이라는 거대한 힘에 대해 필요한 자세는 바로 그런 것, 냉정한 응시일 것이다.

영원히 풀리지 않는 숙제, 빈부 격차 ㅣ   빈부 격차는 인류가 사유재산을 소유한 이래로 늘 문제로 인식되어왔던 현상이다. 십계명 중 "남의 것을 탐하지 말라"는 항목은 어떤 점에서 "도둑질하지 말 것"이라는 계명과 그 의미가 중첩된다. 중첩은 남의 것 그리고 나의 것의 구분이 중대한 기준임을 암시한다. 남의 것에 대한 존중이 법적인 문제이면서 또 한 편 윤리적인 문제라는 뜻이다.

몇몇 역사의 전환점들은 빈부의 격차에서 비롯되었다. 임꺽정 같은 의적이 나타나기도 했고 사유재산을 제도적으로 파악하고자 했던 마르크스라는 인물도 있었다. 그렇다면 과연 영화는 빈부 격차, 부의 불평등 문제를 어떻게 다루고 있을까? 구체적인 작품들을 통해 알아보자.

박찬욱 감독의 두번째 영화 「복수는 나의 것 」(2002) 은 과감한 스타일로 주목을 받았다. 실상 과감한 스타일은 잔혹한 사태를 눈 하나 깜짝하지 않는 고요함으로 응대한, 냉정을 지칭한다. 내용은 이렇다. 난치병을 앓고 있는 누나 와 함께 지내는 남동생이 있다. 신장을 이식하면 살 수 있지 만 그에겐 그럴 만한 돈이 없다. 동생은 자신의 장기를 매매 해 돈을 얻고자 한다. 그런데 사기를 당하고 만다. 이제 그 는 최악의 선택을 한다. 부잣집 딸아이를 납치해 필요한 만 큼의 돈을 얻겠다고. 하지만 상황이 여의치 않다. 사건은 계 속해서 심각해져만 가고 결국 비극적 결말로 치달아간다.

「복수는 나의 것」을 지탱하는 힘은 '부의 불평등'이 어떻게 개인의 삶을 망쳐놓을 수 있는가라는 문제의식이다. '부'는 개인의 사적 노동의 결과물이지만 한편 사회 구조의 반영이기도 하다.

벽초 홍명희의 소설 『임꺽정』만 해도 그렇다. 임꺽정은 어떤 점에서 보면 도적이지만 다른 면에서 볼 때는 부패한 사회에 대적한 의인이다. 『임꺽정』의 배경에는 탐관오리들이 민초들의 삶을 억압했던 역사적 현실이 자리 잡고 있다. 어떤 점에서 임꺽정의 행위는 범죄이지만 다른 한편으로는 사회에 대한 적극적 항거이기도 한 셈이다.

그런 점에서 박찬욱 감독의 영화 「복수는 나의 것」도 유사한 주제의식을 보인다. 주인공은 착한 범죄가 가능하다고 생각한다. 물론 이는 모순이다. 그가 말하는 '착한 범죄'란 욕심이나 탐욕이 아니라 필요에 의해서 돈을 얻는 행위이다. 게다가 상대방은 그 정도의 돈은 여유롭게 쓸 수 있다. 때로 누군가 한 사람을 살릴 수 있을 만한 돈이 누군가에게는 하룻밤의 유흥비로 탕진되기도 한다. 이 불공평에 대한 날카로운 관찰이 영화 전반에 깔려 있다.

최근 빈부 격차 그리고 부의 불평등 문제는 단지 한 국가 혹은 체제 내의 문제가 아니라 국가와 국가 간의 문제로 부상하고 있다. 이를테면, 2007년 칸에 소개된 「수입, 수출 Import, Outport」(울리히 사히들, 2006)이라는 영화는 유럽연합 국가 간의 경제적 격차를 소재로 삼고 있다. 같은 유럽연합 이긴 하지만 서유럽의 경제 사정과 동유럽은 천양지차이다. 동유럽 그리고 러시아 사람들은 서유럽 사람들이 기피하는 직종을 떠안음으로써 생계를 유지해나갈 수밖에 없다.

공지영의 동명 소설을 원작으로 한 「우리들의 행복한 시간」(송해성, 2006)도 가난이 한 사람의 삶에 어떤 영향력 을 행사할 수 있는지 보여주는 작품이다. 가난한 집안에서 자라 부모에게 버림받은 정윤수는 우발적으로 범죄를 저지르 게 된다. 정윤수는 남의 물건을 탐하거나 남의 것 을 뺏고 싶어서가 아니라 자궁외임신으로 생명을 위협받는 아내의 수술비를 구하기 위해 범죄를 저 지른다. 말하자면 그를 범죄자로 만든 것은 세상이 지 '그' 자신의 욕망이 아니다.

예로 든 영화들을 통해서 알 수 있듯이 문학 과 영화를 비롯한 많은 작품들은 '가난'과 '범죄'의 연관 관계에 대해 설명한다. 이는 범죄가 사회적 환경의 부산물이냐 아니면 개인적 심성의 결여로

인한 것이냐는 오래된 논쟁과 관련이 깊다. 물론 가난하다고 해서 모든 사람이 범죄를 저지르는 것은 아니다. 가난이 범죄의 빌미이자 변명이 될 수는 없다는 의미이다.

중요한 것은 사회적 불평등, 경제적 빈부의 격차가 분명 범죄의 이유가 될 수 있다는 사실이다. 인류는 두 사람 이상의 남남이 모여 사회를 구성했던 바로 그 순간 이후부터, 언제나 이 문제로 고민해왔다. 영원히 풀릴 수 없는 숙제로 보는 자가 있는가 하면 그럼에도 불구하고 변화할 여지가 있다고 믿는 사람들도 있다. 과연 우리 사회에 있어서 빈부 격차, 그로 인한 사회적 불평등은 어떤 식으로 구체화되고 있는 것일까? 곰곰이 생각해볼 문제이다.

생각, 부수고 비틀기

- 영화 「우리들의 행복한 시간」의 주인공 정윤수가 범죄를 저지르고 불행하게 된 데에는 가난이나 성장 배경이 절대적 영향을 미쳤을까? 이에 대해 토론해보자.
- 돈이란 얼마나 중요한 것인가. 자신의 경험을 토대로 돈에 대한 자신의 가치관을 서술해보자.
- 2011년 말 세계적 이슈 중 하나는 바로 1퍼센트에 대한 99퍼센트의 항거였다. 현대 사회에 있어서 '부(富)'는 무엇일까?

2. 윤리와 선택하는 인간

──────── 세월이 흐르고, 세상이 변함에도 불구하고 반복적으로 선택되는 주제들이 있다. 가령, 가족이나 환경, 기억과 진실, 소수자 문제 같은 것들이다. 가족은 시간의 흐름에 따라 그 양상과 의미가 달라진다. 대가족이 보편적 가족 제도였다가 핵가족이 보편화되기도 한다든가, 고작 10년 전만 해도 그다지 큰 문제로 여겨지지 않던 다문화 가정이 새로운 가족 형태로 떠오르기도 한다. 대단한 사건으로 취급되던 '이혼'이 흔한 사건으로 여겨지는 이유도 유사하다. 영화는 인류가 지니고 있는 보편적 상황과 문제가 시간에 따라 어떻게 달라지고 있는지 잘 보여준다. 때로 어떤 감독들은 선언문처럼 영화를 이용하기도 하지만 어떤 영화들은 감독의 의도 이상으로 당대 사회의 어떤 점을 비쳐주곤 한다. 보편적 문제와 그것을 비치는 영화를 통해 우리는 지금 이곳, 우리의 삶의 좌표를 확인할 수 있다.

07

소수자와
그들의 삶

소수자란 무엇인가 ㅣ　　사회적 소수자란 무엇일까? 사회적 소수자라는 개념을 숫자 개념으로 환산한다면 그들은 사회적 다수에 포함되지 않은 사람들이라고 단순히 정의될 것이다. 하지만 과연 사회적 소수자가 수적 많고 적음에서 비롯된 용어일까?

　　사회적 소수자는 사회구성체의 정치, 경제, 사회 등 제반 영역에서 인종, 성, 경제적 능력 등이 당대 지배적인 것으로 인정된 가치에 포함되지 못하고 벗어나 있는 사람을 지칭한다. 사회적 소수자는 선천적 환경으로 인한 절대적 개념이라기보다는 차이가 차별의 빌미가 되는 사회 제도 속에서 발생한다.

근대 이전의 사회에서 사회적 소수자가 세습을 통한 신분에서 발생되었다면, 자본주의 제도가 정착된 이후 그 사람이 가진 재산의 정도에 의해서도 구분될 수 있다는 점이 이를 잘 보여준다. 그렇다면 과연 우리 사회의 소수자란 어떤 사람들일까? 그리고 사회적 소수자라는 개념은 어떤 식으로 설정해야 하는 것일까?

사회적 소수자는 '차이'를 '차별'로 받아들이는 사회에서 소외받는 사람들을 의미한다. '마이너리티Minority'라고도 불리는 사회적 소수자 개념은 사회적 다수에 따라 상대적으로 정의될 수 있다. 상대적 정의라는 것은 소수자라는 개념이 축자적 의미 그대로 숫자의 개념이 아니라는 것을 뜻한다. 가령 신분 질서가 엄격했던 조선 시대 양반은 숫자가 적지만 사회 지도층과 권력층에 자리 잡았다는 점에서 오히려 다수자라고 보는 편이 옳다. 사회적 소수자의 개념은 숫자가 아닌 권력의 주체인가 주변인인가 하는 것으로 좀더 선명해진다.

주의해야 할 것은 사회적 소수자라는 개념이 대개 진부한 편견과 밀착해 있다는 사실이다. 사람들은 사회적 소수자라고 하면 몇몇 준비된 답안들을 제시한다. 여성, 동성애자, 가난한 사람들, 장애우 같은 답들 말이다. 물론 수적으로도 사회적 권력의 측면에서 그리고 동등한 기회의 보장이라는 측면에서도 소외된 이러한 사람들은 사회적 소수자임에 분명하다. 문제는 사회적 소수자라는 답안에서조차 제외된 사람들이다. 비만으로 인해 고통받는 사람들, 외모로 인해 취업에 문제를 겪는 사람들, 영어를 못한다는 이유로 승진할 수 없는 사람들처럼 말이다. 국가인권위원회가 제작 지원했던 프로젝트 영화 「여섯 개의 시선」(임순례 외, 2003)을 주목하는 까닭도 여기에 있다.

「여섯 개의 시선」은 사회적 소수자에 대한 여러 가지 생각을 자극한다. 우리는 흔히 사회적 소수자라고 하면 장애우, 여성, 동성애자 같은 용어들을 떠올린다. 쉽게 떠올리는 이 용어들은 사회적 소수자라는 개념 자체도 어느 정도 유형화되어 자리 잡았음을 보여준다. 그렇다면 사회적 소수자라는 개념은 과연 어떻게 정립해야 하는 것일까? 이 영화의 몇몇 작품들은 사회적 소수자에 대한 색다른 개념을 제안한다.

「여섯 개의 시선」은 제목에서 암시하듯 모두 여섯 작품의 단편영화로 이루어져 있다. 이중에서

■ 임순례 감독의 2007년 작품. 과거 올림픽 주역이었던 여자 핸드볼 선수들이 다시 모여 올림픽 출전을 준비하며 고군분투하는 과정을 그렸다.

■■ 순박한 농촌 총각과 다방에서 일하는 여인의 순박하고 지고지순한 사랑을 그린 영화. 애인이 후천 면역 결핍증(AIDS)에 걸린 것을 알고도 사랑을 포기하지 않는 내용은 실화를 바탕으로 했다. 2005년 작품.

주목을 끄는 작품은 「우리 생애 최고의 순간」*을 연출한 임순례 감독의 「그녀의 무게」와 「너는 내 운명」**의 감독 박진표가 연출한 「불쌍한 영어나라」이다.

「여섯 개의 시선」 중 첫번째 영화는 임순례 감독의 「그녀의 무게」라는 작품이다. 임순례 감독이 선택한 대상은 바로 실업계 고등학교를 다니는 여고생들이다. 인문계 여고생들이 "살은 대학에 가서 빼도 된다. 외모는 포기하고 무조건 공부해라"라는 말을 듣는 것과 달리 실업계 여고생들은 매일 "살을 빼라"는 핀잔을 듣는다. 실업계 여고생인 만큼 이 학생들은 졸업과 동시에 진학이 아닌 취업을 염두에 두게 된다. 그런데 취업 담당 선생님은 학생들의 성적이나 자격증이 아닌 몸무게를 관리한다. 취업 담당 선생님의 한마디는 이 아이들이 처한 환경이 어떤 것인지를 단적으로 보여준다. "50킬로그램이 넘으면 면접도 못 봐!"라는 위협적 권고 말이다.

다소 유머러스한 문법으로 전개되는 영화 속 상황은 생각보다 심각하다. 취업 담당 선생님은 아이들의 몸무게를 수시로 체크하고 담임선생님의 조·종례도 외모와 몸무게의 중요성으로 가득 차 있다. 외모가 곧 취업의 당락을 결정한다는 현실은 아이들에게도 심각한 압력으로 작용한다. 아이들은 살을 빼기 위해 약을 먹고, 예뻐지기 위해 성형수술을 선택한다.

「그녀의 무게」는 고3 학생이라면 누구나 외모나 취업에 대한 관심은 포기하고 공부에만 매달릴 것이라는 편견을 무너뜨린다. 실업계 고교생들은 대학 입시로 인해 관심의 대상이 되는 또래에 비해 소수자이다. 문제는 이 여고생들은 소외된 실업계 고교생 가운데서도 외모로 인해 한 번 더 소외될 수 있다는 것이다. 인문계 학생들에게 쏟아지는 관심으로부터 멀어져 있고, 남학생들과는 달리 외모로 인한 차별까지 받는다. 실업계 여고생들은 우리가 미처 관심조차 갖지 못했던 사회적 소수자로 전경화된다.

「그녀의 무게」는, 우리가 평소 미처 생각지도 못했지만, 실업계 여고생들이 어떤 점에서 소수자일 수 있음을 잘 보여준다. 이는 대부분의 사람들이 실업계 여고생들의 형편에 무지하다는 점에서도 입증된다. 고교생을 다루는 텔레비전 청소년 드라마들도 대부분 인문계 고등학생들만을 다룬다. 실업계 여고생들은 인문계가 아니라는 점에서 소외되고 남학생이 아니라는 점에서 차별받는다.

이 작품은 '소수자'가 매우 폭넓은 개념임을 알려준다.

이는 '인권'이라는 개념이 커다란 존재론적 질문에 직면한 개인의 문제만은 아니라는 사실과도 통한다. 인권은 실상 일상적인 영역 속의 문제이다. 박진표 감독의 작품 「신비한 영어나라」의 전언도 이에서 멀지 않다.

크리스마스이브, 영어 노래를 부르는 아이로부터 시작된 화면은 알록달록한 의자에 누워 있는 아이로 집중된다. 화면이 점차 넓어지면 아이가 누워 있는 공간이 치과라는 사실이 드러나고, 아이가 혀를 길게 늘이는 수술을 위해 병원에 왔음이 밝혀진다. 영화는 10여 분에 이르는 '텅 타이Tongue tie' 수술 장면을 여과 없이 사실적으로 보여줌으로써 중산층 가정의 아이도 사회적 소수자일 수 있음을 강변한다. 과연 누구의 의지에 의하여 그리고 무엇을 위하여 아이의 혀를 칼로 자르고 꿰매는지, 박진표 감독은 충격적인 장면과 함께 질문한다. 10분 남짓의 수술 과정을 여과 없이 보여주는 이 작품은 영어 교육 이데올로기의 허와 실을 입체화한다. 말로 들었을 때 10분의 수술은 간단하게 받아들여지지만 눈으로 보았을 때 그 시간은 끔찍한 폭력이다.

스스로 선택했다기보다 부모의 판단으로 수술대에 누운 아이, 박진표 감독은 그 아이의 인권이 바로 사각지대에 방치되어 있다고 말하고 있다. 영어를 잘해야만 한다는 강박

관념 아래 아이들이 고통당하고 있음을, 그러니까 그 평범한 아이들도 사회적 소수자일 수 있음을 보여준 것이다.

　　임순례 감독과 박진표 감독의 작업은 사회적 소수자가 우리가 생각하는 것보다 훨씬 더 많이 우리 사회 곳곳에 자리 잡고 있음을 보여준다. 이는 사회적 소수자라는 개념이 거창한 사회적 이데올로기의 일부이기보다는 미시적 생활 속에서 파악되어야 할 사항이라는 뜻이기도 하다. 너무도 가까이 있어 사회적 소수자라는 명명에서도 소외되었던 이들은 이러한 시각들을 통해 새로운 소수자 명단에 포함된다. 권력을 소유하고 기득권을 누리는 자들은 소외된 삶을 절대로 쉽게 연상하지 못한다.

　　결국 사회적 소수자는 우리가 너무나 일상적으로 받아들이기에 미처 체감하지 못하는 상황 속에 방치되어 있는 자들이라고 할 수 있다. 자식들에게 버림받은 노인, 일자리를 찾지 못하는 백수, 역전을 배회하는 노숙자들 등 우리 주변에는 미처 우리가 인식하지 못한 채 우리와 함께 살아가는 소수자들이 많다. 심각한 것은 많은 소수자들이 발언권조차 갖지 못한다는 사실이다. 사회적 소수자는 늘 유동적인 개념이기에 오히려 면밀히 고민해야 할 개념임에 분명하

다. 인권에 대한 각성은 그 소수자들에 대한 개념의 전환에
서부터 비롯되어야 할 것이다.

편견과 소수자 | '편견'이란 어떤 사물이나 현상에 대해
사실적 근거 없이 지니게 되는 완고한 의견을 지칭한다. 편
견은 선입관이라는 용어와 함께 거론된다. 편견이나 선입관
은 모두 경험 이전의 상상이나 소문에 의존한다.

    어떤 점에서, 편견은 어느 사회 어느 집단에나 존재할
수밖에 없다. 첫인상이나 소문에 의지하지 않고 직접 경험하
고 결정을 내리기까지 대상에 대해 판단을 유보하기란 쉽지
않다. 문제는 이러한 편견이 몇몇 소수 집단들에 대해서는
폭력으로 작용하기도 한다는 사실이다. 흑인이나 유대인들
과 같은 몇몇 인종에 대한 생각이나 동성애자나 에이즈 환자
에 대한 거부감 같은 것들 말이다.

    편견은 사회화 과정에 학습할 수밖에 없는 필요악이다.
편견은 표출되지 않는 한 개인의 취향이나 견해로 받아들여
질 수도 있겠지만, 편견이 마치 정당한 의견처럼 제시될 때
이는 폭력이 된다. 사회적 소수자들이 마주치는 폭력 역시
편견이라는 형태를 띠고 있는 경우가 많다.

흥미로운 것은 편견 역시 역사적인 산물이라는 것이다. 가령 지금은 우리가 보편적으로 받아들이는 '피임'이 합법적인 가족 계획으로 받아들여진 것은 1920년대 이후의 일이다. 그 이전에는 '피임'이라는 개념이 없었을 뿐만 아니라 임신을 회피한다는 것은 신에 대한 저항으로 받아들여졌다. 이렇듯 편견은 문화적이며 역사적인 관습의 결과물이라고 할 수 있다. 이는 한편 편견이 고정적인 것이 아니라 시대나 상황에 따라 달라지기도 한다는 의미이기도 하다. 그중 대표적인 것이 바로 '동성애'에 대한 문제라고 할 수 있다.

1993년 작 「필라델피아 Philadelphia」(조너선 드미, 1993)는 한 남성이 동성애자이자 에이즈 환자임이 밝혀지는 데서 시작된다. 문제는 톰 행크스가 주연을 맡은 이 남성이 백인이며 변호사라는 것이다. 동성애자 그리고 에이즈 환자는 사회적 소수자에 속한다. 앤드류는 겉으로 보기에는 미국의 상류층임에 분명하다. 그런데 그가 동성애자이자 에이즈 환자라는 사실이 드러나자 회사로부터 부당 해고를 당하고 만다. 상류층 집단이라는 회사의 이미지에 동성애자나 에이즈 환자는 어울리

지 않는다고 판단됐기 때문이다.

영화 「필라델피아」는 그의 해고가 '부당'하다는 것을 증명하기 위한 지난한 과정으로 진행된다. 이 지난함 속에는 '동성애'나 '에이즈 환자'의 문제가 사회적으로 심각한 문제라는 전제가 포함되어 있다. 마리아 칼라스의 아리아 음색을 바탕으로 자신의 삶에 대해 이야기하는 앤드류의 고백이 감동적인 것도 그 무게감과 연관되어 있다.

15년의 세월이 지난 지금, 현재, 영화가 동성애를 바라보는 시선은 많이 달라져 있다. 2007년 개봉했던 코미디 영화 「척 앤 래리 I Now Pronounce You Chuck And Larry」(데니스 듀건), 2008년 작품 「잘 나가는 그녀에게 왜 애인이 없을까 Gray Matters」(수 크레이머) 그리고 2006년 개봉된 한국 영화 「후회하지 않아」(이송희일)는 이를 잘 보여준다.

「척 앤 래리」는 동성 부부의 혼인 문제를 코믹하게 다루고 있다. 이 작품에는 「필라델피아」가 지니고 있는 심각함이나 무게감이 들어설 틈이 없다. 이 영화는 '소방관 사회'라는 특수한 마초 집단을 배경으로 삼고 있다. 보수적 남성 집단이 지닌 동성애자에 대한 편견을 농담의 코드로 적극 활용한 것이다.

이러한 변화는 「잘 나가는 그녀에게 왜 애인이 없을까」라는 작품에서도 발견된다. 예쁘고 활달하며 능력 있는 여주인공은 왜 자신에게 애인이 없을까, 고민한다. 그녀는 이 고민 끝에 자신이 지금껏 성 정체성을 잘못 파악하고 있었다는 사실을 알게 된다. 이 작품은 「필라델피아」처럼 진중하지도 그렇다고 「척 앤 래리」처럼 장난스럽지도 않다. 다만, 이러한 발견이 누구나에게 일어날 수 있는 사건임을 드라마적 구성으로 제시할 뿐이다.

최근에 발표되는 동성애에 관한 영화들은 이 문제들을 심각한 개인의 위기나 사회적 충돌의 계기로 보지 않는다. 오히려 살면서 부딪히게 되는 수많은 사건 중 하나일 수 있다는 정도로, 그 무게감을 줄이고 있다. 이는 한편 동성애에 대해 말한다는 것 자체가 과거보다는 훨씬 더 자유로워졌다는 것을 의미한다. 물론 성적 소수자들에 대한 사회적 편견은 여전하다. 그리고 때로 그 편견은 각각의 종교적, 계층적 입장에 따라 신념이거나 윤리가 되기도 한다. 동성애에 반대하는 사람들의 의견 역시 귀 기울여야 한다는 것이다. 주목해야 할 점은 성적 소수자에 대한 편견이 다양한 사회적 의

견들 중 하나로 축소되었다는 사실이다.

　　편견은 폭력적이지만, 반대는 개방적이다. 중요한 것은 편견을 없애는 것이 아니라 다양한 의견을 존중하는 개방성이다. 후설E. Husserl은 객관성을 "상호주관성"이라는 용어로 표현했다. 나에게 옳은 것이 당신에게도 옳은 것일 때, 상호주관성은 완성되고 객관성은 제시된다. 성적 소수자를 비롯한 사회적 소수자에 대한 편견 역시 이러한 전제 아래서 다시 생각해봐야 할 것이다. 최근 영화에 다양한 시각들이 나타나는 게 반가운 까닭도 여기에 있다.

이중의 소외―외국인, 비정규직 노동자 |　　비정규직 노동자 문제는 전 세계적 이슈라고 할 수 있다. 주목해야 할 것 중 하나는 비정규직 노동자 문제가 외국인 문제와 종종 겹친다는 것이다. 가령, 우리나라에서 일하는 외국인 노동자들만 해도 그렇다. 베트남이나 필리핀 등지의 동남아시아에서 온 이주 노동자, 조선족 혹은 탈북자들을 비롯해서 외국에서 온 노동자들이 대부분 비정규직 노동자로 근무하기 때문이다.

　　산업화가 사회적 문제의 핵심으로 등장한 이래 당연히 보장받아야 할 기본적 권리를 보장받지 못한 노동자들이 존

재해왔다. 현재, 그 노동자의 자리에 외국에서 온
비정규직 노동자들이 자리 잡고 있다.

켄 로치 감독의 「자유로운 세계It's a Free World...」
(2007)는 이러한 문제가 비단 지금, 여기, 한국의
문제만은 아니라는 사실을 잘 보여준다. 그러면 우
리는 '우리 사회' 안에 존재하는 외국인들을 어떻게
볼 수 있을까?

세계화라는 말이 상용되면서 전 세계의 노동
시장은 개방되었다고 보는 편이 옳다. 이제는 식당이나 주변
공장에서 심심치 않게 외국인 노동자들을 발견할 수 있는 것
이 그 예이다. 조선족 혹은 탈북자들은 우리와 같은 언어를
쓰지만 같은 국민이라기보다는 외국인으로 취급받는다. 동
남아시아에서 온 다른 언어를 쓰는 다른 민족은 말할 것도
없다. 많은 소설과 영화 들은 이러한 외국인 노동자를 새로
운 사회적 소수자의 문제로 다루고 있다. 김동현 감독의 「처
음 만난 사람들」(2009)이나 정도상의 소설 『찔레꽃』 같은 작
품들이 그 예시라고 할 수 있다.

「자유로운 세계」는 일자리를 구하기 위해 서유럽으로
넘어오는 동유럽 사람들을 그려내고 있다. 주목해야 할 것은

켄 로치 감독이 이러한 문제를 소수자인 동유럽 사람의 시각이 아닌 다수자라고 할 수 있을 서유럽인, 직업 중개소장을 중심으로 재구성하고 있다는 것이다.

영화 속에서 주인공을 맡은 직업 소개소장은 제목인 "자유로운 세계"에 대해 다음과 같이 설명한다. 노동자들은 한 푼도 받지 못했는데 중개업을 맡은 '우리'가 너무 많은 돈을 번 것 같다,라고 동업자가 말하자, 주인공은 다음과 같이 말한다. "일단 반을 나눠, 나눈 다음 네 몫에서 그들에게 주든 말든 하렴. 여기는 '자유로운 세계'니까."

「자유로운 세계」에 그려진 '현재'는 주인공의 말처럼 누구나 일할 수 있는 자유가 보장된 사회이다. 영화 속 동유럽인들만 하더라도, 여권만 있으면 마음대로 국경을 넘어 서유럽으로 와서 일자리를 구할 수 있다. 문제는 그들이 건너와서 선택할 수 있는 일자리가 서유럽 사람들이 기피하는, 힘든 직종이라는 사실이다. 그리고 더 심각한 것은 그나마도 임금이 체불되거나 아예 못 받을 때도 있다는 것이다. 분명 동유럽인들은 '자유롭게' 일하지만 전혀 자유로워 보이지 않는다.

동유럽인들이 서유럽에 와서 일을 하는 데에는 진정한 의미의 '자유'가 없다. 그들은 더 이상 동유럽에서 먹고살 만한 일이 없기 때문에 혹은 도저히 생계가 유지되지 않기 때문에 상대적으로 더 나은 서유럽으로 온다. 고향에서 의사, 간호사, 교사였던 이들이 서유럽으로 건너와 3D* 업종에 종사한다. 여기엔 그들의 의지가 없다. 다만 할 수 있는 일이 일용 노동직이기에 생계를 위해 선택할 뿐이다.

그러니까 켄 로치가 그려낸 「자유로운 세계」는 어느 한쪽에게만 '자유'가 보장된 불공정 게임의 무대이다. 가진 자 혹은 게임의 룰을 조율하는 자는 그것을 '자유'라고 표현한다. 하지만 게임에 동참할 수밖에 없는 자들에게 게임은 조율 가능한 무엇이 아니라 주어진 법이다. 국경을 넘어온 '외국인'에게는 선택의 여지가 없는 것이다.

중요한 것은 켄 로치 감독이 다만 이러한 이분법에 따라서만 이야기를 진행하지는 않는다는 사실이다. 켄 로치는 중개소를 운영하는 주인공 역시도 자유로운 인간이 아니라고 말한다. 그녀 역시 자본이라는 거대한 그물에 걸린 시스템의 일부에 불과한 것이다.

주인공 역시도 가해자이면서 피해자이다. 이 모든 상황에 주인공이 있다면 그것은 '앤지'라는 중개소장이 아니라 바로 자본이라는 시스템 자체이다. 후기 자본주의 사회를 움직이는 것은 자본주의 시스템 자체인 것이다.

켄 로치의 말처럼 앤지가 지금 영국에서 겪고 있는 상황은 '지금, 이곳' 한국에서도 그리고 중국에서도 벌어지고 있는 일이다. 그렇다면 과연 우리는 언젠가 순수하게 자발적인, 자유로운 세계에서 살 수 있는 것일까? 아마도 대답은 불가능하다. 일 것이다.

생각, 부수고 비틀기

- 사회적 소수자가 꼭 수적 열세에 놓인 사람들만 의미하는 것은 아니다. 자신이 생각하는 사회적 소수자를 정의 내리고 그 예시를 찾아보자.

- 사회적 편견을 극복하고 다른 삶을 찾아간 영화들을 좀더 찾아보고 그 작품에 대해서 논해보자. 「어거스트 러쉬」에 등장하는 음악을 배우지 않은 천재, 탄광촌에서 발레를 배우려는 소년에 대한 이야기인 「빌리 엘리어트」와 같은 작품이 예시가 될 수 있다.

- 외국에서 한국으로 와서 일하는 노동자들이 어떤 일을 하는지 생각해보고, 인종별 혹은 국가별로 그들에 대해 어떤 편견을 가지고 있는지 검토해보자.

08

가족

가족, 사회, 국가, 법 ｜　　2006년 7월에 개봉한 봉준호 감독의 영화「괴물」은 최단 시간 천만 관객 돌파라는 기록을 갱신하며 주목의 대상이 되었다. 놀라운 흥행 성적과 함께 영화「괴물」의 순기능 및 역기능에 대한 논란이 형성되었다. 논란의 일부는 미확인 생명체인 '괴물'의 위협을 국가가 아닌 가족이 해결한다는 주제의식과 맞닿아 있다.

헤겔은 국가의 윤리가 가족의 윤리 위에 있다고 보았고, 소포클레스의 희곡「안티고네」는 국가의 법을 위배하는 가족의 윤리를 제시하고 있다.

소포클레스의 희곡「안티고네」는 오이디푸스의 딸 안

티고네의 이야기를 다루고 있다. 안티고네의 두 형제인 에테오클레스와 폴리네이케스는 왕위를 두고 싸우다 모두 죽게 된다. 두 사람의 죽음을 딛고 왕위에 오른 숙부 크레온은 둘 중 하나를 역적으로 몰아세워 매장을 금하고 금수의 먹이가 되도록 버릴 것을 명령한다. 이에 누이인 안티고네는 왕의 명령을 어기고 형제를 매장한 뒤 자결한다. 안티고네에게는 국가의 법이나 명령보다 가족의 명예와 윤리가 더 소중했던 것이다. 수많은 철학자들이 안티고네를 윤리의 차원에서 인용하는 까닭 역시 마찬가지이다. 가족의 윤리와 국가의 법은 둘 중 어느 것이 더 상위의 것이라고 단순화하기 힘든 문제임에 틀림없다.

「괴물」역시 이 문제에서 자유롭지 못하다. 「괴물」은 딸의 납치에서 시작해 딸의 구출로 끝맺어지는 작품이다. 실상 영화 속에서 괴물은 딸을 납치한 괴한일 뿐 그것이 사람들을 어떻게 해치고 어떻게 국가를 위기와 혼란에 몰아넣는가는 중요하게 묘사되어 있지 않다. 가족의 평화와 안정을 깬 원흉, 그것이 곧 괴물인 셈이다.

영화 「괴물」은 일상을 침범한 난폭한 괴물을 통해 '가족' 하나 지켜주지 못하는 무능한 국가를 비판한다. 영화 「괴물」 속에서 시민과 가족을 보호해야 할 국가는 '괴물'을 잡기는커녕 시민을 더 큰 위험 속에 몰아넣는다. 국가는 시민의 안녕을 위협하는 '괴물'을 잡기 위해 전력투구하는 것이 아니라 시민에게 공포스러운 위압을 주는 데 주력한다. 협잡과 비리가 난무하는 탈출 장면 역시 그렇다. 영화「괴물」속에 그려진 국가는 체계도 질서도 최소한의 윤리도 잃어버린 억압 장치에 불과하다.

구제보다는 음모에 능한 국가를 대신해 영화 「괴물」이 제시하는 윤리는 바로 가족애이다. 여학생의 납치가 아닌 딸의 납치에 방점을 찍은 것도 마찬가지의 까닭이다. 국가가 엉뚱한 음모를 내세워 시민을 공포 분위기에 감금해둘 때, 사회적 소수자였던 강두의 가족은 그 허술한 그물망을 빠져나간다. 정신이 온전치 못하고 무능한 주변인이었던 강두와 그의 가족은 가족의 일원을 구하겠다는 일념만으로 국가의 법망을 뚫고 나간다. 강두와 강두의 가족이 보여주는 사투는 국가의 법보다 가족의 윤리가 우위에 있다는 가치관의 표현이라고 할 수 있다. 중요한 것은 가족의 안정을 되찾고자 하는 열정일 뿐, 그것의 사실성이나 가능성이 아니다.

정작 주목해야 할 사실은, 분명 사실성의 측면에서는

불가능한 강두 가족의 여정이 개연성 있는 사건으로 관객의 호응을 불러일으키고 있다는 점이다. 분명 사실성에 위배되는 것을 알면서도 관객들은 국가의 음모론이나 가족 윤리의 지고함을 긍정한다. 그리고 가족이 처한 위험을 해결하는 것은 국가가 아닌 가족 스스로임에 공감한다. 여기에는 가족이 최고선이 되어버린 현대 사회의 형편이 개입되어 있기도 하다. 즉, 「괴물」이 형상화하고 있는 가족애나 가족의 윤리성은 공감의 차원에서 개연성을 획득한다.

영화 「괴물」의 설정은 실재하는 사건에 대한 추론이 아닌 있을 법한 일에 대한 상상력에 의존하고 있다. 개연성은 괴물이 실존하기 때문이 아니라 괴물이 존재할 수도 있겠다는 긍정에서 비롯된다. 그런 의미에서, 국가의 법 위에 놓여 문제를 해결하는 가족의 윤리는 현실성은 희박하지만 그럴 듯한 제안으로 받아들여진다. 개연성이란 삶에 대한 기대치의 반영이기 때문이다. 우리는 그 개연성 속에, 미처 인식하지 못했던, 사회의 무의식이 숨어 있음을 주지해야 한다.

가족의 정상성 | 그리스 데살로스키 영화제에서 작품상과 감독상을 수상한 「가족의 탄생」(2006)은 여러 가지 점에

서 의미 있는 작품이다. 제목이 암시하고 있다시피 김태용 감독은 이 작품을 통해 '가족'이 무엇이며 어떻게 구성되고 운용되는지 자신의 철학을 그려내고 있다. 감독이 말하는 '가족'은 친밀성과 연대, 그리고 이해를 바탕으로 한 공존의 관계이다. 우리가 전통적 가족의 요건으로 생각해왔던 혈연 관계나 위계질서는 김태용 감독이 생각하는 '가족'의 필수 조건이 될 수 없다. 가족의 정상성은 그 형태가 아닌 신뢰 관계와 기능에 의해 판명되어야 한다는 말이기도 하다.

이러한 점에서, 영화 속 채현이라는 인물이 두 명의 엄마를 모두 '엄마'로 호명하는 부분은 주목할 만하다. 두 여인과 아무런 혈연 관계가 없는 채현은 자신을 보호하고 키워준 두 여인을 큰엄마, 작은엄마도 아닌 '엄마들'로 부른다. 삼촌이라는 통칭을 두고도 큰아버지, 작은아버지를 엄연히 구분하는 한국의 가부장제 질서 속에서 채현의 호명은 이채롭다 못해 혁명적이다. 「가족의 탄생」이 중시하는 가족의 구조는 남자 아버지, 여자 어머니라는 생물학적 구성이 아닌 부성과 모성이라는 본질적 기능에 놓여 있다. 권위로 억압하는 아버지나 애착을 집착과 혼동하는 어머니가 아닌 이해하고 사랑하고 보호

해주는 부성과 모성의 공간, 그곳이 바로 '가족'인 셈이다.

앤서니 기든스Anthony Giddens나 울리히 벡Ulrich Beck과 같은 사회학자들이 말해왔듯이, 가족은 사회상의 변화를 가장 민감하게 드러내는 가늠점이라고 할 수 있다.* 사회의 변화는 가족의 형태와 가족 구성원의 기능적 변화를 통해 구체적으로 지각되는 셈이다. 한국 사회 역시 마찬가지이다. 한국 사회의 가족은 전통적으로 가부장제에 귀속되어왔다고 할 수 있다. 현실이 그렇지 않음에도 티브이나 영화 속에 여전히 할아버지, 할머니와 함께 사는 대가족제가 자주 제시되는 것도 이와 연관된다고 할 수 있다.

가부장제는 아버지의 기능이나 따뜻함보다 아버지라는 어른의 권위와 그 아래로 순차적으로 이어지는 위계질서로 운용되는 가족제도라고 할 수 있다. 지금은 사라져버렸지만 아버지의 밥상을 따로 챙긴다거나 장남이 아니면 아버지와 겸상을 할 수 없었던 모습도 위계질서의 구체적 발현이었다.

'가족'과 관련된 영화들이 파격적인 선언의 모습을 띠곤 했던 것도 우리 사회의 완강한 가부장제 전통을 역설적으로 보여준다. 임상수 감독의 「바람난 가족」(2003)의 경우가 그러한데, 이 작품은 우리가 정상적이라고 믿고 있는 '가족'이 얼마나 위선적인

■ 영국 학자 앤서니 기든스와 독일 출생 울리히 벡은 현대 사회와 자본주의 현상을 분석한 세계적 석학이다. 기든스는 『제3의 길』이란 저서로, 벡은 『위험사회』란 책으로 우리에게 잘 알려져 있다.

지를 그려낸다.

■ 앤서니 기든스의 『현대 사회의 성, 사랑, 에로티시즘』(배은경·황정미 옮김, 새물결, 1996)을 보면 이 논의가 잘 드러나 있다.

기든스의 말처럼 이제 '가족'을 가족으로 통합하고 유지할 수 있는 것은 위계나 권위가 아닌 친밀성이다.* 아버지의 권위가 아닌 사랑, 어머니의 애착이 아닌 보호가 부부 단위의 친밀성을 근간으로 가족이라는 체제를 유지하고 보존해주는 것이다. 생물학적 혈연이나 권위가 아닌 친밀성이야말로 현대 가족의 필수 요소이다.

이러한 견해에 맞서 친밀성을 근간으로 한 가족 개념이 기존의 전통적 가족관을 와해한다는 비판의 목소리도 있다. 전통적 가족 형태에서 어긋나 있거나 혈연이 아닌 유대감으로 형성된 가족을 포용하는 것이 가족의 이념을 파괴하고 전복하고 있다고 보는 시선 말이다. 이러한 반감이나 반대 의견의 밑바탕에는 전통적 가족 형태에 대한 고집이 있다.

그러나 엄밀히 말해, 변화하는 사회가 달라진 가족의 의미와 환경을 요구하고 있음은 부인하기 힘들다. 아이들의 공부를 위해 돈을 벌어주는 기능만 남은 기러기 아빠와 같은 경우, 동시대의 상황을 고려하지 않고는 이해할 수 없는 현대 가족의 풍경이기도 하다.

아무리 세상이 달라진다고 할지라도 사회 구성의 기본 구조로서 가족은 사라지지 않을 것이다. 다만 달라진 삶의 표정만큼 가족의 정상성이나 의미, 구성이 달라질 뿐이라는 말이기도 하다. 가족은 당대 사회를 비치는 중요한 반영물임에 분명하다.

모든 가족은 다르지만 그 본질은 같다 ㅣ 「에브리바디 올라잇 The Kids Are All Right」(리사 촐로덴코, 2010)은 동성애 가족 영화이다. 주목해야 할 것은, 방점이 동성애가 아니라 '가족'에 찍힌다는 점이다. 동성애 가족이란 어떤 가족일까? 조니와 레이저에게는 엄마만 둘이 있다. 그들이 부모가 된 사연은 짐작하는 대로다. 기증된 정자를 통해 아이를 가졌고, 닉 엄마는 조니를 그리고 줄스 엄마는 레이저를 낳았다. 그렇다면 이 집안에 아버지는 없는 건가? 그렇다고 말하기도 어렵다. 분명, 엄마만 둘이지만 닉과 줄스 커플 사이에는 일종의 역할 분담이 있다. 줄스가 철없는 엄마라면 닉은 아빠 같은 엄마에 가깝다.

닉과 줄스는 가족 내 역할뿐만 아니라 성격도 대조적이다. 닉이 이성적 완벽주의자라면 줄스는 충동적 낭만주의자다. 중요한 것은 동성 커플이지만 닉과 줄스 커플의 모습은 보통의 부부와 거의 다를 바 없다는 사실이다. 생활비를 담당하는 닉은 아버지와 닮아 있고 육아에 매진했던 줄스는 보통 엄마와 똑같다. 닉의 완벽주의에 신물을 내는 아이들이나 그런 아이들 때문에 쓸쓸해하는 닉을 보면, 동성 커플이라 해도 가족은 다 똑같구나, 라는 생각을 하게 된다.

문제는 이 이상하지만 평범한 가정에 생물학적 아빠가 출현한다는 것이다. 열여덟, 열다섯 살이 된 아이들은 자신의 생물학적 아버지, 정자 기증자가 누구인지 궁금해한다. 아이들은 기증 센터에 연락을 해 마침내 생물학적 아버지의 정보를 알아낸다. 더 심각한 것은 이 아버지가 꽤 멋지고, 섹시하다는 사실이다. 형편없는 낙오자였거나 알코올 중독자였더라면 쉽게 실망하고 돌아섰겠지만, 정자 기증자 폴은 마치 완벽한 아빠 사전에서 튀어나온 듯 쿨하고 관대하다. 아이들은 이 쿨한 아버지의 모습에 완전히 반해버리고 만다.

아이들은 잔소리쟁이 닉에게 노골적인 불만을 표현하고 생물학적 아버지와 비교한다. 완전한 가장이 되고 싶지만 남자-아빠의 빈자리를 채워줄 수 없었던 닉은 낙담하고 쓸쓸해한다. 더 심각한 것은 사랑하는 연인이자 아내인 줄스까지 생물학적 남자, 폴의 매력에 빠지고 만 것이다. 닉이 애써 꾸려왔던 가족이 폴이라는 낯선 침입자에 의해 완전히 달라지고 만다.

거의 스스로를 방임하며 살아온 자유주의자 폴은 새삼스레 가족의 필요성을 느낀다. 그는 닉과 줄스가 시간을 투자하고 스스로를 희생해가면서 만들어놓은 가정에 무임승차하고자 한다. 조니와 레이저는 어느덧 자라났지만 사실 그 성장에는 고장난 자명종처럼 울어대던 유년의 시간이 숨어 있다. 아이들의 성장에는 보이지 않는 닉과 줄스의 시간과 노력, 희생이 있다는 말이다.

엉뚱한 커플, 이상한 가족의 이야기지만 사실 이런 일들은 지금 이곳의 평범한 가정에서 일어나는 일들이기도 하다. 아이들은 저 혼자 큰 줄 알고, 아내는 초라해진 남편을 외면한다. 어느덧 청춘을 다 버린 아버지의 허무함도 마찬가지이다.

눈길을 끄는 것은 위기 자체가 아니라 이 위기를 극복하는 과정이다. 줄스는 해서는 안 될 행동을 하지만 닉은 그 배신을 용서하려 애쓴다. 닉은 줄스의 배신이 진심에서 비롯된 게 아니라 실수였음을 인정하려 한다. 이에 닉의 가족은 위기를 극복하고 더 깊은 애정을 쌓는다.

가족이란 서로의 과오를 실수로 보듬어주는 안식처이

다. 「에브리바디 올라잇」은 아버지, 엄마, 아이들로 구성된 가족의 표준 구성만이 정상은 아니라고 말해준다. 구성원이 다 있느냐가 아니라 서로에게 사랑과 신뢰가 있느냐가 가족의 건강성을 증명해줄 수 있다.

가족에서 아버지는 누구? | 예술작품 속에서 '아버지'는 매우 상징적인 인물이다. 루카치는 "예술가가 되기 위해서는 반드시 라이오스를 가져야 한다"고 말한 바 있다. 루카치의 말한 '라이오스'는 곧 오이디푸스 왕의 아버지이다. 오이디푸스는 누구인가? 아버지를 죽이고 그의 왕위를 뺏을 것이라는 신탁을 받은 자가 아닌가? 상징적인 의미에서, 아버지를 죽인다는 것은 기존의 법과 질서를 무너뜨리는 파격을 뜻한다고 할 수 있다. 위반과 전복의 대상이 '라이오스'인 셈이다. 그렇다면 영화 속에서 '아버지'의 위상은 어떻게 묘사되어왔고 그 묘사는 어떤 방식으로 달라져왔을까?

한동안 한국 영화계에서 아버지는 부재중이었다. 박흥식 감독의 「사랑해, 말순씨」(2005)나 윤태용 감독의 「소년, 천국에 가다」(2005)와 같은 작품에 묘사된 아버지만 해도

그렇다. 모두 1980년대를 배경으로 삼는 이 작품에서 아버지는 각각 다른 이유로 집을 비우고 있다. 아버지가 없는 집안의 생계는 어머니가 맡게 되고 부재중인 아버지는 '가족'이라는 이름에 그늘만을 깊게 드리울 뿐이다.

부재중이라는 단어는 물리적 현상만을 지칭하지는 않는다. 존재하지만 아버지 구실을 못하는 자들, 무능하고 약해빠진 남자들로 형상화된 아버지들은 어떤 점에서 부재하는 아버지보다 형편없다. 전도연이 주인공을 맡았던 영화들 「인어공주」(박흥식, 2004)나 「해피엔드」(정지우, 1999)에서 아버지는 초라하고 무능한 남자들로 제시되어 있다.

흥미로운 것은 IMF 시기 이후 무능한 아버지가 영화적으로 재조명되었다는 사실이다. 한창 일할 나이라 믿었던 40대 초반에 일거리를 잃고 집 안을 맴도는 아버지는 당시 시대상을 반영하는 실체였다. 이는 1980년대를 그린 작품 속의 아버지가 대개 대의명분을 위해 집을 비웠던 것과 대조된다.

미국 영화사에서 1970년대는 공포영화가 부각된 시기로 기억된다. 「엑소시스트The Exorcist」(윌리엄 프리드킨, 1973)나 「오멘The Omen」(리처드 도너, 1975)과 같은 작품들이 이 시기에 제작, 개봉돼 큰 반향을 일으켰기 때문이다. 두 작품의 공통점은 모두 아이들이 공포의 주체로 선택되었다는 것이다. 아이들은 위험한 인물로 등장해 부모를 위협하고 심지어 죽이기까지 한다. 미국 영화사는 이러한 현상을 새로운 신진 세력의 급부상에 대한 기존 세대의 공포감으로 파악하고 있다. 아버지와 아이가 세대 간의 권력 이동을 상징하는 것이다.

2000년대 이후 한국 영화계에서는 아버지를 재조형하는 시도가 한창이다. 야구선수가 꿈인 아들을 위해 헌신하는 아버지를 그린 「날아라 허동구」(박규태, 2007), 15년 만에 단 하루 아들과 만나게 된 장기수의 이야기인 「아들」(장진, 2007)과 같은 작품이 그렇다. 송강호가 주연을 맡은 영화 「우아한 세계」(한재림, 2006) 역시 조폭인 한 남자를 아버지의 측면에서 조명하고 있다. 조직 폭력배도 아버지라는 사실을 부각함으로써 이 험악한 세상 속에서의 아버지의 위치가 입체화된다.

주목해야 할 것은 이 작품 속에 그려진 아버지가 아이들을 위해 살아가는 기능적인 아버지라는 점이다. 옳지 않은 일을 한다는 이유로 가족은

아버지를 외면하지만 한편 가족은 그 옳지 않은 일로 번 돈에 의존하고 있다. 아버지라는 존재 자체가 아닌 아버지가 번 '돈'을 필요로 하는 가족의 모습은 우리 사회의 현재를 날카롭게 보여준다고 할 수 있다. '기러기 아빠' '펭귄 아빠'라는 신조어가 생긴 현대 사회의 풍토가 이 작품 속에 암시되어 있는 것이다.

결국, 영화 속에 묘사된 아버지는 우리 사회 내면에 잠재된 무의식의 형상물이라고 할 수 있다. 권위적인 힘의 상징이었던 아버지, 사업 실패 이후 낙오자가 된 아버지, 생계를 유지해주는 기능적 아버지, 영화 속 아버지의 모습은 당대 사회의 숨은 단면이기도 하다.

생각, 부수고 비틀기

- 가족에 대한 다른 여러 작품들을 생각해보자. 각각의 작품이 지향하는 사회상이 무엇일지 유추해본다. 「과속 스캔들」, 「파파」 등의 작품에 나타난 새로운 가족상은 무엇이며, 그것은 어떤 의미가 있을지 서술해보자.

- 「삼대」「태평천하」와 같은 작품 속에 묘사된 아버지의 모습을 현대 영화에 등장하는 다른 아버지의 모습과 비교해서 살펴보자.

- 어머니의 모습은 어떻게 그려져왔는가? 「사랑방 손님과 어머니」나 「마요네즈」, 「써니」와 같은 작품에서 "엄마"는 어떻게 그려지고 있는가 비교해본다. 한국 영화 중 어머니를 주인공으로 삼고 있는 작품 몇 편을 골라 그 의미가 무엇일지 생각해본다.

09

환경

환경이라는 친구 혹은 적 ┃ 슬로베니아의 세계적 학자 지젝은 환경 문제를 언젠가 도래할 위험이라고 말했다. 우리 안에 있지만 감지하지 못하고 있는 위험, 삶의 근간을 송두리째 흔들어놓을, 우리가 자초한 내부의 위협, 그것이 바로 지젝이 말하는 실재^{real}의 위협이다.

그의 말을 조금 쉽게 풀이하자면 이렇다. 오늘 내가 아무렇지 않게 타고 다닌 자동차에서 배출된 매연이 조금씩 공기를 오염시킨다. 오염을 넘어 보이지 않는 보호막인 오존층을 파괴한다. 시간이 흘러 오존층에 구멍이 생기거나 이산화탄소 층이 두꺼워 지구의 열이 높아진다. 결국, 인류는 자신이 저질렀던 무심한 행동들로 인해 곤란에 처하게 된다.

'환경'은 미래의 재앙이지만 오늘의 오류이기도 하다. 그렇다면 영화는 환경 문제를 어떻게 다루고 있을까?

미국의 전 부통령이었던 앨 고어는 세계 각국을 돌아다니면서 '지구 온난화'에 대해 강연했다. 그는 여러 가지 과학적 자료를 토대로 환경 파괴의 위험성을 설득력 있게 경고한다. 그의 여러 말보다 몇몇 사진들이 강렬한 인상으로 경고를 남겼다. 가령 어느새 물줄기 정도로 축소된 알프스 빙하나 거의 사막이 되어버리고 만 호수 사진들 말이다. 시간이 지날수록 급격히 변해가는 지구의 사진들, 얼음을 찾아 헤엄치다가 익사하고 마는 북극곰 시뮬레이션은 관중들을 환경 문제의 주체로 초대한다.

앨 고어의 강연 내용은 「불편한 진실An Inconvenient Truth」(데이비스 구겐하임, 2006)이라는 다큐멘터리 영화로 각색된다. 영화는 앨 고어의 강연 내용 대부분과 중간중간 그의 과거사와 심경 고백으로 구성되어 있다. 다큐멘터리라는 「불편한 진실」의 형식은 이 영화가 연설가의 역할을 택하고 있음을 보여준다. 다큐멘터리는 영화가 할 수 있을 극화와 허구화를 최소화한 양식이다. 되도록 사실을 그대로 보여주고자 하며, 카메라의 시선은 감독의 판단을 대신한다. 물론 다큐멘터리라고 할지라도 카메라에 담는 이상 누군가의 견해에 가까워진다.

　눈여겨봐야 할 것은 이 작품이 매우 '정치적인 영화'라는 사실이다. '정치적'이라는 수식은 앨 고어가 실제의 행정적 변화와 법적 규제를 요구하고 있다는 것을 뜻한다. 그는 윤리적 차원이 아니라 실질적 변화를 통해 환경 문제를 해결하고자 한다. 앨 고어는 환경 문제가 개인의 양심이나 추상적 위기의식으로 해결될 수 있는 문제가 아니라는 것을 강조한다.

　한편, 「에린 브로코비치Erin Brockovich」(스티븐 소더버그, 2000)는 실제의 사건을 소재로 삼은 극영화이다. 주목해야 할 점은 바로 이 영화가 실제의 사건에서 출발했다는 것이다. 아이 셋을 키우는 싱글맘 에린은 어느 날 우연히 사무실 구석에 버려진 서류 뭉치를 발견한다. 토지 보상 소송 서류에 끼워진 의료 문서를 이상하게 여긴 에린은 그 연관성을 찾아 직접 나선다. 사소한 민사 소송으로 알고 있던 문제는 알고 보니 대기업의 중금속 방출 문제의 일부로 드러난다. 이제 소송은 공장 지대에 살고 있는 주민들과 대기업 간의 진실 공방전으로 확대된다.

　영화는 에린의 성공으로 귀결된다. 실제 사

건에서처럼 에린은 주민들을 설득하고 대기업의 비리를 캐낸다. 「에린 브로코비치」가 실제 사건에서 추출한 영화적 측면은 바로 에린의 캐릭터라고 할 수 있다. 영화는 남의 일에 참견하는 아줌마 근성, 공식적으로 딱딱하게 접근하기보다 인간적으로 다가가는 모성에 주목한다. 「에린 브로코비치」는 환경 문제의 해결이 이웃에 대한 개인의 소소한 관심에서부터 출발한다는 것을 강조한다. 개인의 미약한 힘과 관심이 모였을 때, 대기업의 힘으로 저질러진 구조적, 체계적인 잘못은 규명되고 환경은 해결될 수 있는 문제가 된다.

또 다른 접근이 있다면 그것은 바로 「투모로우The Day After Tomorrow」(롤랜드 에머리히, 2004)에서 보여주는 일종의 시뮬레이션 효과일 것이다. 공학적으로 설계된 가상현실 프로그램처럼 영화 「투모로우」는 지구 온난화가 초래하게 될 위험에 대한 시각적 체험을 제공한다. 시뮬레이션으로 인해 관객들은 '환경'이라는 만성적 공포를 먼 미래의 일이 아닌 지금 현재의 문제로 체감하게 되었다. 지구 온난화에서 비롯된 환경 변화가 초래할 공포를 사실적으로 보여줌으로써 선언보다 훨씬 더 강력한 효과를 발휘한 것이다.

당연한 일이기도 하지만, 환경은 인류와 공생하고 있다. 우리가 한 만큼 환경은 고스란히 되돌려준다. 남용했다면 남용의 대가를, 보호하고 가꿨다면 또 그 노력에 보상을 해준다. 지구는 단순히 화학 성분으로 분해되는 물질이 아니라 인체와 같은 유기적인 생명체이기 때문이다. 몸을 함부로 대하면 어딘가가 문제가 생기듯 지구 역시 고장 날 수 있다. 영화는 이 불균형이 초래하는 위험을 시각적 이미지로 알려줌으로써 인식하고 번성하게끔 한다. 소재로서의 환경 그리고 주제로서의 환경, 영화는 환경 문제를 여러 가지 방식으로 주목하고 있다.

환경 문제에 대해 대처하는 태도 |　　고대로부터 사회적 어른은 기후에 대한 해석을 감당해야만 했다. 사람들은 갑작스러운 기후 변화에 공포를 느꼈고 그때마다 사회적 지도자는 자연현상의 변화 가운데서 은유를 읽어냈다. 그 독법은 불안한 사람을 위로하기도 했고 간혹은 오만한 권력에 대한 경고가 되기도 했다.

　　바야흐로 21세기인 지금, 급격한 기후 변화를 종교적 혹은 샤머니즘적 알레고리로 해석하는 사람은 없다. 수치와

통계를 근거로 했을 때 지구 온난화가 최근 기후 변화의 유력한 원인으로 꼽힌다. 문제는 그래프의 경사도가 지나치게 가파르다는 점일 테다. 수식어가 무색하리만치 최근의 기후 변동이나 변화는 급격하다.

사람들은 자연의 흐름을 과학적으로 이해한다고 믿었다. 하지만 최근의 이러한 현상은 과학적 인과 관계에 대한 자신감이 오만에 불과했다고 말해준다. 기상 예보가 있다고는 하지만 예측이 빗나가는 정도가 아니라 불필요하거나 불가능해 보이기까지 한다.

생각해보면 이런 기후 변화는 수세기 전부터 예상되었던 바라고 할 수 있다. 윈스턴 처칠은 20세기를 일컬어 지금까지 우리가 무심코 해왔던 일의 결과를 보게 될 세기라고 말한 바 있다. 그래서 지젝은 환경 문제를 '혼돈의 유인자'라 부르기도 했다. 혼돈의 유인자라는 말도 우리가 저지른 일이 우리를 곤경에 빠뜨린다는 점에서 처칠의 말과 유사하다. 이런 관점에서 보자면 최근 기후의 역습은 인류가 저질렀던 수많은 원인 행동의 결과 중 하나라고도 할 수 있다.

앨 고어는 「불편한 진실」에서 재미있는 통계 하나를 소개한다. 제2차 세계대전이 끝날 무렵인 1945년 베이비붐이 일어나고 당시 세계 인구는 23억 명에 달했다. 베이비붐 세대가 노년기에 접어들 2005년 세계 인구는 65억 명이 되었고 이 정도 추세라면 2050년이면 91억 명이 될 것으로 예측된다.

세계 인구가 23억 명이 되는 데 기원 이후 1,900년이나 흘렀지만 세 배가 되는 데에는 고작 100년이 걸리지 않는 것이다. 앨 고어는 지나치게 급증한 인구수를 지구 온난화의 첫번째 주범으로 꼽는다. 이들이 배출하는 이산화탄소, 이들이 2차적으로 발생시키는 이산화탄소가 지구의 외투를 두껍게 만들고 온기를 가둔다는 가설이다.

돌이켜보면 지구라는 유기체는 독자적인 체계를 통해 자신의 항상성을 유지시켰다고 할 수 있다. 공교롭게도 콜레라나 페스트와 같은 질병은 인구수가 급증했을 때 발병해 수많은 생명을 앗아갔다. 인간에게는 대재앙이라고 할 수 있을 질병이나 전쟁이 지구 입장에서 보자면 항상성 유지의 중요한 수단이 된다. 봄이면 생명이 피어나고 가을이면 사그라지듯 인간의 삶과 죽음도 지구의 입장에서 보자면 호흡처럼 자연스러운지 모른다.

과학과 의료 기술의 발전 덕분에 인류는 유행병의 고난에서부터 자유로워질 수 있었다. 국지

전은 있지만 전쟁과 같은 대량 살상도 없다. 역설적이게도 지구는 지진해일(쓰나미)이나 태풍, 폭염, 혹한, 폭우 등의 다른 재앙을 주었다. 인류가 오래전 정복했다고 믿은 기후는 예측 불가능한 재앙의 형태로 인류를 엄습한다. 기후는 우리가 지금껏 학습하고 대비한 인류의 지식을 무참히 짓밟고 있다.

인류의 입장에서 보자면 지구의 돌변은 일종의 문명적 퇴행이기도 하다. 우리는 이 갑작스러운 사태 앞에서 마치 기원전 비문명인처럼 전전긍긍한다. 하지만 지구의 입장에서 보자면 자연스러운 열평형 회복 과정이라고 할 수 있다. 지구라는 유기체는 결국 항상성을 찾아갈 것이다.

중요한 점은 예측 불가능한 시대를 살아가는 우리의 태도이다. 많은 사람이 기후 변화를 걱정하지만 대개 화젯거리에 그치고 마는 경우가 많다. 그저 오랜만에 만나 나눌 말이 없을 때 이상한 기후는 좋은 대화거리가 되어준다. 누구나 다 기후를 걱정하는 듯하지만 사실 아무도 기후 변화를 진심으로 걱정하지는 않는다.

성철 스님은 산은 산이고, 물은 물이라고 했다. 비가 잦고, 태풍이 무서웠다며 호들갑을 떨지만 사실상 그 경고를 해석하려는 사람은 드물다. 여름엔 덥고, 겨울엔 추운 법이다. 결과를 마주하는 세대로서 필요한 것은 호들갑이 아니라 변화이다. 담담히 변화할 것, 어쩌면 이야말로 기후 변화의 메시지일지 모른다.

생각, 부수고 비틀기

- 환경 문제를 다른 시각에서 다룬 작품들을 찾아보자. 「매트릭스」 「터미네이터」와 같은 SF 영화에서 재앙의 원인으로 환경을 제시한 경우들도 있다.

- 환경과 정치적 올바름Political Correctness에 대해서 논해보자. 과연 정치적 올바름은 어떤 식으로 환경 문제와 연관될까?

- 「투머로우」나 「아마겟돈」 「2012」와 같은 작품에서 자연재해가 볼거리Spectacle로만 한정되어 재현될 경우의 위험에 대해서 논해보자.

10

죄와 벌

속죄 |　　아이는 순수할까. 아니, 순수한 것은 곧 선한 것일까. 사람은 착하게 태어나 악을 배우는 것일까, 아니면 본능처럼 타고난 악을 세련화하고 억압하며 '인간'이 되는 것일까. 속죄를 뜻하는 단어 '어톤먼트Atonement'가 제목인 영화 「어톤먼트」(조 라이트, 2008)는 과연 아이의 영혼이란 순수한 것인가,라는 오래된 질문을 떠올리게 한다. 제목처럼 영화는 어린 시절 저질렀던 실수를 속죄하고자 하는 한 여자의 이야기를 그리고 있다. 여자는 말한다. 어린 시절의 '무지'가 씻을 수 없는 죄가 되어 평생을 짓눌렀노라고 말이다.

영화는 열한 살의 소녀 브라이오니의 탈고로 시작한다. 그녀는 지금 첫 작품을 써냈다. 소녀는 이야기를 꾸며내는

재주를 타고났다. 첫 작품을 쓰고 난 후 그녀는 마
치 신이라도 된 양 우쭐거린다. 그런 소녀 앞에 자
신이 알고 있는 원리로 설명할 수 없는 장면이 펼
쳐진다. 자신의 언니와 가정부의 아들 로비가 정
사를 나누는 장면을 보게 된 것이다. 영화 속에서
소녀는 로비가 변태 성욕자가 틀림없다고 소문을
내고, 경찰에게 거짓 정보를 증언한다.

　　흥미로운 것은 로비를 바라보는 소녀의 눈빛
이 실은 남자를 바라보는 여자의 것과 다르지 않다
는 사실이다. 소녀는 로비를 좋아하고 그에게서 최초로 남성
을 느낀다. 자신이 물에 빠지면 어떻게 할 것인지 물어보고
는 당돌하게도 물에 빠져 그를 시험한다. 목숨을 걸고 게임
을 하는 소녀를 보며 로비는 화를 낸다. 로비가 화를 내며 돌
아서자, 소녀는 그 순간 로비에 대한 사랑의 감정을 거뒀다
고 회고한다.

　　하지만 실상, 소녀의 잔망스러운 행위는 그의 사랑을
확인하려는 욕망에 가깝다. 자신에게 화를 냈던 로비가 언니
와 얽혀 있는 것을 본 순간, 소녀는 그를 변태 성욕자로 몰
아간다. 어른이 된 소녀는 친구에게 말한다. 열한 살 때 난
그 장면들을 이해하지 못했다고 말이다. 하지만 엄밀히 말하

자면 거짓말과 허구를 잘 지어내는 이야기꾼 소녀는 그 장면의 의미를 너무도 잘 알았을지도 모른다.

영화는 소설가가 된 그녀가 생애 마지막 작품으로 이 시절을 다루는 순간을 보여준다. 그런데 이야기의 마지막, 그러니까 소설의 마지막이자 영화의 마지막 부분, 할머니가 된 브라이오니는 말한다.

"나는 소설 속에서 어떻게 해서든 그들에게서 속죄받고 구원받고 싶었다. 그래서 그들이 행복하게 사는 모습을 써넣었다. 하지만, 실상 이 모든 것들 역시 나의 이야기에 불과하다. 로비는 전쟁 중에 패혈증으로 사망했고 언니 역시 그로부터 얼마 지나지 않아 사고로 죽었다."

결국 브라이오니는 누구로부터도 속죄받지 못한다. 심지어는 자기 자신조차도 스스로를 용서하지 못한다. 「어톤먼트」는 관객의 가슴에 무거운 추를 달아놓은 듯한 통증을 전해준다. 아마 마음이 있다면 거기쯤 있지 않을까 싶을 정도로 가슴속 어느 한 부분을 둔중하게 누른다.

삶은 몇몇 우연한 장면들에 의해 다른 미래로 이어진다. 장래가 촉망되던 두 연인은 소녀의 당돌한 거짓말 때문에 참혹한 결말을 맞게 된다. 한번쯤, 우연한 선택에 의해 인생의 유턴 지점을 놓쳐본 사람들의 가슴을 치는 이유도 이 때문일 것이다. 우아한 비관론, 때론 비극이야말로 삶의 비밀이기도 하다.

금세기 최고의 베스트셀러 중 하나인 『연을 쫓는 아이』 역시 가해자의 속죄에 대해 다루고 있는 작품이라고 할 수 있다. 2007년 마크 포스터가 감독한 이 영화의 원작은 미국에 사는 아프가니스탄 출신 작가 할레드 호세이니의 소설이다. 아프가니스탄에서 성장하던 한 소년이 미국에 건너와 소설가가 된 이야기를 전반적 틀로 삼고 있으니 어딘가 자전적기미도 느껴진다. 이야기는 단순하다.

형제처럼 자라온 두 소년, 아미르와 하산이 있다. 형제라고 말했지만 사실 아미르와 하산은 주인과 하인의 관계라고 말하는 편이 옳다. 하산은 아미르에게 충직하다. 그 어떤 상황에서라도 하산은 아미르를 지켜주고자 한다. 그런데 아미르는 그렇지 않다. 어느 날 자신 때문에 위험에 처한 하산을 두고 아미르는 도망친다. 뿐만 아니라 하산을 볼 때마다 자신의 비겁함을 환기하게 되는 게 싫어 하산에게 도둑 누명을 씌워 집에서 내쫓아버린다.

아미르의 아버지는 아미르에게 도둑질이 가

장 나쁜 죄라고 말한다. 그리고 거짓말 역시 진실을 훔치는 행위이므로 역시 나쁘다고 가르친다. 아미르는 하산이 불량배들에게 강간을 당할 때 외면했다는 점에서 비겁했고, 그가 훔치지 않은 시계를 훔쳤다고 거짓말했으므로 진짜 도둑질을 한 것은 바로 아미르이다. 게다가 하산은 그 이후 고단한 삶을 살다가 일찍이 죽고 만다.

어린 시절의 거짓말을 평생의 트라우마로 간직하던 아미르는 드디어 자신의 잘못을 바로잡고자 한다. 비록 하산은 죽고 없지만 그의 아들이 아프가니스탄에 남아 고생하고 있다는 사실을 듣곤, 그를 구하러 간 것이다. 영화의 중반쯤 밝혀지지만 사실 하산은 아미르의 배다른 동생이다. 그러고 보면, 거짓에 대해 그토록 경고했던 아버지 역시 아미르에게 거짓말을 한 셈이다. 아미르는 아버지의 잘못과 자신의 과오를 속죄하기 위해 위험천만한 아프가니스탄에 되돌아간다.

영화로 제작되었다는 점에서 알 수 있다시피 「연을 쫓는 아이」는 상당히 대중적이고 보편적인 이야기 구조를 지니고 있다. 어린 시절의 잘못을 깨닫고 뉘우치는 어른의 모습은 기시감이 느껴질 정도로 평범하다. 그런데 이 평범한 이야기에서 놓치지 말아야 할 점은 이 소설이 피해자가 아닌 가해자의 입장에서 씌어졌다는 사실이다. 아미르는 자신의 잘못에 대해 뉘우치고 끝내 용서를 구한다.

　아프가니스탄은 여러 가지 정치적, 역사적 질곡 가운데 놓여 있다. 고난은 현재에도 진행 중이다. 아미르가 저지른 잘못은 아이라면 누구라도 저지를 수 있을 법한 그렇고 그런 실수라고도 할 수 있다. 엄청난 비겁이라기보다는 아이다운 나약함에 가깝다는 뜻이다. 그런데도 아미르는 비겁도 역시 잘못이라며 자신을 반성한다.

　작은 죄인 아미르의 사죄는, 더 큰 잘못을 저질렀지만 무감각한 가해자들의 몰염치를 부각시킨다. 가해자가 반성할 때 역사는 진보한다. 「연을 쫓는 아이」는 개개인들이 하나씩 자신의 사소한 잘못을 윤리적으로 반성하고 속죄할 때 역사적 잘못 역시 바로잡을 수 있다고 말한다. 속죄란 결국 사적인 차원이지만 마침내 윤리적 차원의 문제이기 때문이다.

형벌과 복수 ｜　클린트 이스트우드가 감독한 영화 「체인질링Changeling」(2008)은 아들을 잃어버린 어머니를 그리고 있다. 살과 뼈를 나눈 자식을 잃었다는 점에서 「체인질링」은 비슷한 시기에 개봉한 영화 「레저베이션 로드Reservation Road」(테리 조지, 2008)와 소재가 비슷하다. 그런데 이 두 영화는 소재는 비슷하지만 주제나 그 접근 면에서는 상당한 차이점을 지니고 있다. 「체인질링」이 자식의 실종 혹은 죽음이라는 문제를 통해 국가와 개인, 공권력과 소시민의 대립을 이야기한다면, 「레저베이션 로드」는 '눈에는 눈, 이에는 이'라는 복수가 과연 가능한가에 대해 질문하고 있기 때문이다. 그렇다면, 두 작품이 우리에게 전달하는 문제의식은 어떤 것일까?

아들을 데리고 혼자 사는 여인이 있다. 아들의 아버지 그러니까 남편은 아이가 태어나기도 전에 두 모자를 두고 떠나버렸다. 여자에게는 아들을 부양해야 할 의무와 책임이 있다. 여자는 아홉 살 난 아이에게 공원에 놀러 가자는 약속을 하지만 지키지 못한다. 잔업이 있다는 말을 듣고 아들과의 약속을 미뤘기 때문이다. 일을 마치고 도착한 집에는 아들이 없다. 이제, 여자의 지난한 사투는 시작된다.

영화 「체인질링」은 아이의 실종에서 시작된다. 이 영화는 「그놈 목소리」(박진표, 2007)처럼 유괴, 실종의 문제를 다루는 듯 보인다. 그런데 감독 클린트 이스트우드의 관심사는 다른 데 있다. 여자의 잃어버린 아들이 다섯 달 만에 발견되기 때문이다. 문제는 그다음이다. 아이를 찾아 데려왔지만, 여자는 당혹스러워한다. 경찰이 찾아서 데려온 아이는 그녀의 아들이 아니다. 잃어버렸을 당시보다 키도 작고 포경수술 자국까지 있다. 되돌아온 아이는 분명 그녀의 아들이 아니다. 그렇다면 왜 경찰은 엉뚱한 아이를 데려다 주었을까?

실화를 소재로 삼고 있는 이 영화는, 여주인공인 콜린스가 아이를 잃어버렸던 그 시점, 사람들에게 맹렬한 비판을 받았던 경찰을 주목하고 있다. 비리와 협잡의 당사자였던 당시 로스앤젤레스 경찰은 국가 기관이라기보다는 차라리 범죄 조직에 가깝다. 그들은 범죄 조직을 소탕한다는 이유로 총기를 난사하는 데 열중할 뿐 민생 치안에는 무관심하다. 심지어 경찰 권력에 저항하는 사람들을 사적인 이유로 정신병원에 가둬두기까지 한다.

비난을 모면하기 위해 경찰은 콜린스 사건을 일종의 모범 사례로 선택한다. "경찰이 아이를 되찾아 한 가족의 행복을 지켜주었다"라는 식의 기사를 퍼뜨리기 위해서이다. 콜린스는 찾아온 아이가 자신의 아이가 아니라면서 재수사를 촉구한다. 하지만 그녀는 이상한 여자로 취급받다가 급기야 경찰에 의해 정신병원에 수감되기까지 한다.

이후, 그녀는 자신을 도와주는 단체와 함께 경찰의 잘 못을 입증하기 위해 애쓴다. 그런데 그때, 로스앤젤레스 근교의 아동 연쇄 살인사건이 밝혀지면서 찾아왔던 아이가 진짜 아들이 아니라는 사실도 함께 드러난다. 어쩌면, 진짜 아들 월터 콜린스는 연쇄 살인범에 의해 살해되었을지도 모른다는 가능성과 함께 말이다.

영화 「체인질링」은 국가, 법이라는 단단한 권력 앞에 나약해질 수밖에 없는 한 개인의 고난을 그리고 있다. 다행히 그녀는 자신을 도와주는 단체나 해결의 실마리를 우연히 만나 자신이 생각한 정의를 실현한다. 하지만 모든 사람들이 국가나 법, 체제, 관료주의 앞에서 자신의 진실을 동등한 입장에서 증명하기는 힘들다.

영화 「레저베이션 로드」는 뺑소니 사고로 아들을 잃은 남자와 그 뺑소니 사고의 범인을 따라간다. 아들을 잃은 아버지, 피해자는 별다른 증거가 없다는 이유로 사건에서 쉽게 손을 떼는 경찰을 용서할 수 없다. 그래서 직접 자신이 나서 범인을 검거하려고 한다. 피해자 입장에서는 범인이 잡힌다고 해도 10년 정도의 구금되는 것으로 죗값을 치른다는 것이 불만족스럽다. 이미 아이의 목숨은 빼앗겨 되돌아올 수 없는데 파렴치범을 살려둔다는 것 자체가 용납되지 않기 때문이다. 그는 자신이 직접 총을 구해 뺑소니범을 처치하려고 한다. 눈에는 눈, 이에는 이처럼 자신의 고통을 해소하고 싶어 하는 것이다.

「체인질링」의 여성이 제도와 권력의 불합리함을 다른 제도, 법으로 해결하려 했던 것과 달리, 「레저베이션 로드」의 아버지는 자신이 직접 함무라비 법전식의 복수를 계획한다. 영화 속에서 묘사된 경찰은 사무적으로 일을 처리하는 이기적 관료 집단이다. 그들은 개인의 아픔이나 진실에 무관심하다. 이것은 카프카의 「성」에 등장하는 인물이 겪었던 답답함과도 유사할 것이다. 개인은 법과 질서 그리고 제도 속에서 살아가야 하기 때문에 안전하기도 하지만 또 소외당하기도 한다. 제도와 정의, 「체인질링」과 「레저베이션 로드」는 이러한 문제에 대해 여러 가지 생각할 점을 주는 작품들이다.

용서는 누가 하는가 │　　　이창동 감독의 작품 「밀양」(2007)은 신과 인간의 관계에 대해 질문을 던지고 있다. 질문의 강도가 하도 엄혹해 보는 내내 가슴이 답답할 정도이다. 그렇다면, 인간과 신과의 관계를 다룬 작품들은 어떤 것이 있고 또 주로 어떤 질문들을 던지고 있는 것일까?

이청준의 소설 「벌레 이야기」를 원작으로 삼고 있는 영화 「밀양」은 "과연 하느님이란 존재하는가"라는 질문을 던지는 작품이다. 질문의 무게 자체가 이미 만만치 않듯이 영화는 이 둔중한 질문을 아프게 되묻는다.

영화의 간단한 줄거리는 이렇다. 남편을 잃은 한 여자가 죽은 남편의 고향에 내려와 새로운 삶을 시작하려고 한다. 죽은 남편이 언젠가 꼭 되돌아가고 싶다고 말했던 그 고향에서, 여자는 남편의 부재를 씻어내고자 했던 것이다. 아들과 함께 시작할 미래는 얼핏 보아 별 문제가 없어 보인다. 문제는 결국 그들이 이방인이라는 사실에서 비롯된다.

미망인이 아이 하나 데리고 와 산다는 사실에 위축된 그녀는 가진 재산을 부풀려 재력을 과시한다. 그런데, 누군가 그녀의 허풍을 진짜로 믿고 끔찍한 범죄를 저지르고 만다. 아들을 유괴해 죽여버린 것이다. 여자에게 남은 것은 이제 아무것도 없다. 남편도 아들도 사라진 여자에게 누군가 말을 건다. 당신의 괴로움을 돌보는 이가 있으니 그가 바로 하느님, 신이라고 말이다.

영화가 던지는 질문은 이렇게 압축될 수 있

다. "신이 있다면 왜 이토록 한 사람에게 가혹한 아픔을 줄 수 있습니까?"라고. 「밀양」에 묘사된 신은 하나를 잃은 자에게 위로가 아닌 또 다른 상실을 보태주는 신이다.

　　중요한 것은 영화 「밀양」에 묘사된 상황이 꼭 특수한 영화적 허구의 상황만은 아니라는 점이다. 우리 주변에서도 지독한 삶을 사는 사람들이 더한 고생으로 내몰리는 경우를 더러 볼 수 있다. 부모 없이 어렵게 자라난 사람이 일찍이 배우자를 잃고 사업에 실패한다든지 하는 경우처럼 말이다.

　　톨스토이의 소설 『안나 카레니나』에 묘사되어 있듯이 불행의 표정은 끝이 없다. 돈이 많은 사람들이 건강하기도 하고 사회적 명예까지 얻는 일도 다반사다. 신은 공평하다는 말이 무색하게 행복한 사람은 더 행복해지고 불행한 사람들은 끝없이 불행해질 때도 많다. 부익부 빈익빈처럼 말이다.

　　「밀양」은 "신은 왜 이리 불공평한가" 그리고 "신의 결정은 왜 그토록 혹독한가"라는 물음으로 계속된다. 결국 여자가 선택한 방법은 신이 준 '자신의 존재'에 대한 경멸이다. 마치 신과 대결하듯 여자는 자신의 삶을 망가뜨리고자 한다.

　　원작 소설을 쓴 이청준은 불행한 영혼이 신에게마저 버림받았다고 여겨질 때면 스스로를 벌레만도 못한 존재로 여길 수밖에 없게 된다고 말한다. 그리고 신이 자신을 버렸

다고 여기면, 버림받은 존재는 스스로 부패해 세상마저 썩게
한다고도 덧붙였다.

　　그리스 로마 신화를 보면 많은 주인공들이 신에게 대
항했다가 큰 낭패를 보곤 한다. 불을 훔쳐와 인간에게 전해
준 프로메테우스는 영원히 독수리에게 간을 쪼여야 했고, 신
에게 거짓을 고했던 시시포스는 떨어지기를 반복하는 돌을
정상에 올려야만 했다. 이는 한편 운명에 저항하고자 했던
신화적 인물들이 마침내 예언에 굴복하는 이야기로 반복되
기도 했다. 과연 '신'이란 무엇이며 우리에게 보장하는 초월
적 지평은 무엇일까? 영화 「밀양」을 통해 다시 한 번 생각해
볼 수 있을 법하다.

생각, 부수고 비틀기 ✎ ──────────────

- 잘못된 제도에 의해 피해를 입었을 때에는 어떤 방식으로 대처해야 할까?
  다른 영화들을 통해 예시를 찾아보자.

- 죄책감과 복수, 운명이라는 개념과 신은 어떻게 연관될까?

- 용서할 수 있는 잘못과 용서할 수 없는 잘못의 경계와 구별점에 대해서 생각해보자.

11

기억과 진실,
사실

기억의 주관성 ㅣ 기억은 주관적이다. 동일한 사건에 대해서도 사람들은 각기 다른 사실들을 기억하곤 한다. 연인이나 부부, 친구 간에 싸움이 있을 때 서로에게 유리한 사실만을 추려 간직하고자 한다. 사람들은 기억하고 싶은 것만 기억한다. 여기에는 약간의 모순이 담겨 있는데, 때로 사람들은 기억하기 힘든 사실만을, 그러니까 고통스러운 부분을 더 섬세히 간직한다. 고통을 기억하는 것조차도 기억하고 싶어서라고 말하는 편이 옳다. 기억의 역설은 바로 여기에 있다. 많은 예술가들은 기억의 문제에 대해서 고민해왔다. 기억에 관한 영화들을 살펴보자.

홍상수 감독의 영화「오! 수정」(2000)은 기억의 주관성을 직접적으로 다루는 작품이다. 영화는 한 쌍의 연인을 그려내는데 하나는 여자의 시선으로 다른 하나는 남자의 시선으로 재구성한다. 이를테면, 이런 식이다. 남자는 자신이 잃어버린 장갑을 수정이라는 여자가 '우연히' 찾아주었다고 기억한다. 한편 여자의 기억에서, 수정은 '의도적으로' 장갑을 남자에게 전달해준다. 두 사람의 회고는 계속해서 엇갈린다.

「오! 수정」의 두 주인공들은 서로에게 유리한 사실만을 기억한다. 초라하고 창피한 사실들은 은폐하고 때로 왜곡하기도 한다. 자기가 재편집한 사실들 속에서 스스로는 꽤나 자존심 있고 품격 있는 사람으로 그려지지만 상대방의 기억 속에서 그 모습은 완전히 달라지기도 한다. 멋있게 누군가와 대결했던 것으로 술회되었던 사건이 알고 보면 굴욕적 사건으로 판명되고 순결하고 아름다운 여성이 음험한 모사꾼으로 재해석된다. 홍상수 감독은 기억의 주관성이라는 개념을 인간의 이기심과 연관해서 드러낸다. 사람이란 누구나 자신에게 유리한 것만을 기억한다는 의미에서 말이다.

기억의 주관성과 인간의 이기심을 연계한 또 다른 작

품으로는 「라쇼몽(羅生門)」(구로사와 아키라, 1950)
을 들 수 있다. 사실과 거짓, 진실과 음모를 다양
한 시각과 입장에서 다루는 작품은 구로사와 아키
라 감독의 「라쇼몽」이 대표적이다. 「라쇼몽」은 살
인사건을 둘러싼 여러 사람의 각기 다른 진술을
토대로 기억이 어떻게 조작되는지 낱낱이 보여준
다. 진술이 거듭될수록 사건의 실체는 점점 더 불
투명해진다. 이 과정에서 점점 더 드러나는 것은
진실이 아니라 인간의 이기심이다. 사람들은 자신
이 필요한 대로 그리고 자신이 원하는 방향으로
기억을 재구성하고 마음대로 조작하곤 한다. 17대
1로 싸운 영웅적 싸움과 같은 우스꽝스러운 자기
편집이 기억의 본질 중 하나이다.

　사실 기억이 엇갈리는 경험은 일상에서도 종종 경험할
수 있다. 몇 년 전 가족 식사에서 어떤 메뉴를 선택했는지
의견이 분분하기도 하고, 함께 갔던 여행지의 명칭이 서로
불일치하기도 한다. 기억은 생각보다 허술해서 당시 개인의
정서 상태나 의지에 따라 달라지곤 한다. 흥미로운 것은 대
개 사람들은 사라진 것, 되돌아올 수 없는 과거를 낭만적으
로 기억하고 싶어 한다는 사실이다. 가령 첫사랑에 대한 기

억이 대개 그렇다.

이와이 슌지 감독의 「러브레터」(1995)나 곽재용 감독의 「클래식」(2003)은 첫사랑에 관한 영화이다. 엄밀히 말하자면 첫사랑이 아니라 첫사랑에 대한 기억의 영화라고 보는 편이 옳다. 과거에 묻혀 있던 기억은 현재의 시점에서 새롭게 재탄생된다. 묻혀 있던 보물이 발견되듯이 과거의 기억들은 현재의 삶을 변화시킨다. 첫사랑이라는 코드는 청소년기의 순결한 감정과 어울려 기억을 신성화한다.

신성화라는 말은 기억하는 사람의 태도에 따라 어떤 사실이 달라질 수 있다는 것을 보여준다. 되돌이킬 수 없다는 한계는 기억을 신성화하기에 적합한 조건이 된다. 어차피 과거지사이고 변화될 수 없는 것이라면 아름다운 부분만이 취사선택될 확률이 높다. 과거, 기억 속 연인의 모습이 아름답게 채색된 채 모자이크처럼 남아 있는 까닭도 이 때문이다. 사람들은 기억하고 싶은 것만을 기억한다.

박찬욱 감독의 작품 「올드보이」(2003)에서 비밀을 알아버린 오대수가 자신의 기억을 지워버리기 원하는 이유도 비슷한 맥락에 놓여 있다. 오대수에게 있어 '기억'은 현재의 삶을 속박하는 원죄로 작용한다. 그래서 그는 살기 위해서는 기억을 지워야 한다고 말한다. 때로 사람들은 기억 때문에 고통스러워하기도 한다. 천재였던 모차르트를 죽음으로 이끌었다는 죄책감에 시달리는 영화 「아마데우스」(밀로스 포먼, 1985)의 살리에르, 전쟁의 공포감을 잊지 못하는 「디어 헌터」(마이클 치미노, 1978)의 주인공들처럼 복수, 죄책감과 같은 개념도 고통스러운 기억과 연관된 개인의 감정들이다. 중요한 것은 동일한 경험과 체험일지라도 그것에 대한 개인의 반응이 각기 다르다는 점이다. 그리고 예술은 바로 이 각기 다른 기억에 가치를 부여한다. 기억의 주관성은 다양한 해석의 토대이기도 하다.

진실과 가설 사이 ㅣ　　2005년 개봉한 「빨간 모자의 진실」(코리 에드워즈)은 우리가 알고 있었던 전래 동화를 수사극 형태로 새롭게 제시한다. 빨간 모자의 실종과 늑대의 음모 가운데서 영화는 진실이 은닉되어 있음을 전제하고 다양한 각도에서 사실을 조감한다. 9·11 테러 사건이 일어난 다음 이 사건을 밝히는 데 있어 끊임없이 음모설이 제기되었다.

진실에 대한 입체적 조감과 음모설은 너무도 비슷해 구분하기 힘든 경향이 있다.

「빨간 모자의 진실」은 우리가 익숙하게 알고 있던 동화 '빨간 망토'에 대한 기대를 뒤집는 작품이었다. 할머니 집에 가다가 늑대에게 잡아먹힌 빨간 망토 이야기는 다양한 이해관계를 가진 사람들에 의해 복잡다단한 추리물로 재탄생한다. 우리가 진실이라고 알고 있던 사실은 모두 음모로 발각되고 그 아래 은닉되어 있던 실체는 이해 당사자인 여러 사람들의 서술을 통해 입체화된다.

흥미로운 추리물이자 모험 서사인 「빨간 모자의 진실」은 진실이라는 것이 드러나기보다 숨겨지기 쉬운 속성이 있음에 포착해 발상한 작품이다. 그렇다면 과연 진실이란 하나의 실체일까 아니면 타당한 가설의 정착일까? 또한 우리가 살아가고 있는 세계 속에 또 다른 진실이 있다는 가설을 통해 얻어지는 깨달음은 무엇일까?

수많은 예술작품들이 우리가 살아가고 있는 현실을 거짓의 체계로 제시하고 있다. 이미 고전의 반열에 오른 소설인 조지 오웰의 『1984』도 그렇고 헉슬리의 『멋진 신세계』 역시 마찬가지이다. 소설뿐만이 아니어서 최근의 영화 작품들, 이를테면 「매트릭스」나 「올드보이」 「트루먼 쇼」와 같은 작품들 역시도 숨겨진 비밀과 과거 그리고 진실의 문제를 다루고 있다.

　대개 진실의 문제를 전면으로 다루고 있는 작품들은 우리가 살아가고 있는 현실의 불완전함을 진실에 빗대어 재조명한다. 밥 먹고 자고 일하는 일상 세계가 모두 입력된 프로그램이라고 말하는 워쇼스키 형제의 「매트릭스」는 이러한 제안 중 가장 급진적 형태를 띠고 있다고 할 수 있다. 「매트릭스」가 제시하는 바의 놀라움은 액션이나 촬영 기술의 혁신에 기대인 바도 크지만 무엇보다 현실적 공간 자체를 허위의 공간으로 전도한다는 데에 있다. 이는 진실이 실체로서 존재하며 그것은 우리가 발 딛고 있는 감각적인 세계가 아닌 다른 먼 곳, 초월적인 공간 어딘가에 존재하고 있다는 제안이기도 하다. 초월적 공간 너머에 존재하는 남루한 진실을 가시적 형태로 제시한다는 점에서 「매트릭스」는, 닫힌 세계의 출구 너머에 진실의 가능성을 위치시켰던 「트루먼 쇼」의 가설을 넘어선다.

　이러한 작품들은 '진실'이라는 실체가 어딘가

다른 곳에 존재한다는 가설을 통해 일상적 공간을 불편한 음모의 장으로 새롭게 조형한다. 관습적 기대로 굳어진 고전 작품들이나 동화의 서사를 비틀고 재조명하는 시도들 역시 마찬가지이다. 관습과 기대를 전복하는 새로운 조감의 효과는 편안한 일상을 반성적 사유의 대상으로 탈바꿈시킨다. 불편한 제안이 일상을 반성하게끔 한다는 것은 무감각해진 편안한 일상이야말로 진실을 은폐하는 장치임을 보여준다.

주어진 현실 뒤에 도사린 음모나 거짓을 보는 것은, 시스템에 의해 조율되는 현대 문명을 비판적으로 보게 해준다. 동시에 이는 자신의 이익에 맞게 진실을 재편성하는 인간의 이기심을 각성케 한다. 편안한 일상으로 여겨지는 현재의 삶을 은닉된 진실이라는 가정을 통해 입체화함으로써 자칫 무감각해질 수 있을 현실의 삶을 새롭게 되돌아볼 수 있게 한다는 뜻이다.

문제는 진실이라는 것 역시도 일종의 효과나 음모의 실마리가 될 수도 있다는 것이다. 「라쇼몽」이나 「빨간 모자의 진실」과 같은 작품들은 진실이 얼마나 개인의 이익이나 욕망에 의해 쉽게 윤색될 수 있는지를 보여준다. 어떤 점에서 진실은 단 하나의 모습을 지닌 객관적 실체이지만 수많은 가설 가운데서 절대적 진실을 규명하기는 쉽지 않다. 상대주

의의 혼란과 절대성의 횡포 가운데, 사태를 관망하는 객관적
인식만이 진실의 실체를 투명하게 드러낼 수 있다. 어쩌면
'진실'이 더 완강한 음모의 위장일 수도 있기 때문이다.

생각, 부수고 비틀기 ⟋ _____

- 진실이란 분명한 듯하지만 주관적이고 모호한 개념이다. 주관적이라는 것은 개인의 이익이나 편의에 따라 사실을 다르게 기억한다는 의미이다. 그렇다면 기억은 진실 규명의 객관적 근거가 될 수 없는 것인가? 이 문제를 생각해보자.

- 진실과 그것의 노출을 염두에 둔 작품들이 많다. 진실을 어떻게 정의하느냐에 따라 주제와 그것이 이야기하는 철학은 범주가 달라진다. 이를테면, 「트루먼 쇼」는 트루먼이 살고 있는 세계가 가짜였음을 드러냄으로써 세계의 허구성을 드러내고자 했다. 자신이 생각하는 진실의 정의에 알맞은 예시 영화를 찾아보자.

- 상대주의와 절대주의, 주관성과 객관성의 차이를 생활 속 경험과 같은 구체적인 예시를 통해 설명해보자.

12

노블레스
오블리주

노블레스 오블리주^{noblesse oblige}라는 말이 있다. 이 말은 '사회 고위층 인사에게 요구되는 높은 수준의 도덕적 의무'를 의미한다. 초기 로마 사회의 고위층은 공공 봉사와 기부, 헌납에 앞장섰는데, 이러한 행위는 의무인 동시에 명예로운 행위였기 때문에 사회 고위층들이 경쟁적으로 나서기도 했다. 그들은 전쟁이 발발하면 가장 먼저 참전했고, 이런 전통은 세계대전 당시 영국 고위층 자제들의 참전으로까지 이어졌다.

현재 노블레스 오블리주는 참전과 같은 적극적 행위보다는 기부와 헌납과 같은 경제적 행위, 사회 복지로의 환원을 가리키게 되었다. 2010년 아카데미 영화제에서 여우주연상을 받은 작품 「블라인드 사이드」(존 리 행콕, 2009)는 실천 가능한 노블레스 오블리주가 무엇인지에 대해서 생각할 만한 계기를 준다.

「블라인드 사이드」는 미국 프로 미식축구 리그의 경기 장면으로 시작한다. 이날 경기에서 전설적 쿼터백인 조 사이즈먼은 부상을 입고 경기장 밖으로 실려 나간다. 그가 부상을 입은 까닭은 상대편이 보이지 않는 사각지대, 즉 블라인드 사이드에 있었기 때문이다. 블라인드 사이드는 미식축구 용어이기도 하지만 말 그대로 눈에 보이지 않는 곳, '사각지대'라는 의미도 포함하고 있다.

영화 「블라인드 사이드」의 한 장면. 또래보다 두 배 정도 덩치가 큰 소년, 마이클 오어(퀸튼 아론)는 동네에서 '빅 마이크'로 불린다. 그는 아직 부모의 보호가 필요한 어린아이지만 머물 곳도, 다닐 학교도 변변치 않다. 어느 날 백인이 다니는 학교 농구장에서 노는 마이클을 본 코치는 그를 백인 아이들이 많이 다니는 명문 학교에 전학시키고자 한다. 그런데 그 일이 또 만만치 않다. 학교의 다른 교사들과 학부모들은 빈민가 흑인 소년이라는 이유로 빅 마이크의 전학에 불편한 감정을 내비친다. 어렵사리 마이클은 학교에 다닐 수 있게 되지만, 문제는 그때부터 시작이었다.

이제까지 학교에서 제대로 배운 것이 없는 마이클은 수업 시간에 집중할 수 없다. 게다가 마이클에게는 잘 만한 곳도 없다. 매일 밤 거리를 전전하던 마이클은 우연히 같은 학교 학생의 학부모인 리 앤(샌드라 불럭)의 눈에 띈다. 리 앤은 덩치만 컸지 아직 어린아이인 마이클을 외면하지 못하고 집으로 초대해 하룻밤 머물게 한다.

리 앤은 소년을 1층 소파에서 자게 하지만, 다음 날 아침 혹시나 물건을 훔쳐 달아나지는 않았을까 두려워한다. 이 장면은 여주인공 리 앤의 지나친 우려라기보다는 대부분의 백인 중산층이 흑인에 대해 가진 일반적 시선을 대변한다. 백인에게 흑인 빈민 소년이란 그저 도둑 아니면 예비 범죄자 정도로 취급되곤 한다. 그런데, 마이클은 리 앤의 걱정과는 달리 자신이 덮고 잔 이불을 곱게 개어놓고 조용히 집을 나선다.

이런 상황에서 리 앤은 큰 각오를 한다. 그녀와 남편은 미국 전역에 걸친 식당 체인점을 가진 부자이다. 그들이 마이클을 도와주지 못할 이유는 심리적, 문화적인 부분 말고는 없다. 리 앤 부부는 마이클에게 필요한 경제적, 물리적 지원을 해주기로 결심한다.

　리 앤은 마이클의 법적 보호자가 되기를 자청한다. 마이클은 리 앤의 배려 덕분에 미식축구 선수로서의 재능을 발견한다. 그리고 그들은 마이클의 후견인이 돼 훌륭한 선수가 되도록 도와준다. 영화 「블라인드 사이드」는 우리 주변에 있지만, 눈에 잘 띄지 않는 그 사람들을 봐야 한다고 말한다. 그것이 바로 이 영화가 우리에게 전하는 윤리적 메시지이며, 한편 현대사회의 고위층이라고 할 수 있을 부자들에게 권유하는 사항이기도 하다.

　자칫하면 빈민가를 맴돌다 범죄자가 됐을지도 모를 소년이 어엿한 성인으로, 게다가 미국의 간판급 미식축구 선수로 성장한다. 물론 이런 일은 실제 일어날 가능성이 매우 희박한, 쉽게 이뤄질 수 없는 기적적 사건임이 분명하다. 하지만 그런 점에서 오히려 이 영화가 전하는 메시지는 의미가 새롭다. 힘들지만 해야 할 일, 어렵지만 하면 더 좋은 일의 개념으로 「블라인드 사이드」는 조용히 노블레스 오블리주의 실천을 보여준다. 경제적 고위층의 진정한 도덕적 의무는 바로 '보이지 않는 곳(블라인드 사이드)까지 잘 보는 것'이라는 듯이 말이다.

「블라인드 사이드」는 매우 드라마틱한 사건이지만, 실화를 바탕으로 하고 있다. 말도 안 되는 일 같지만, 간혹 세상은 영화보다 더 놀랍고 따뜻하다. 같은 원리로 지독한 영화보다 현실이 더 잔혹하기도 하지만 말이다. 가끔은 동화책 속 이야기보다 더 아름다울 수 있는 세상, 그 세상도 모두 사람이 만들어가는 것이다.

생각, 부수고 비틀기

- 노블레스 오블리주는 어떤 방식으로 실천돼야 하는지 토론해보자.
- 일상의 사각지대를 비추는 따뜻한 시선을 다룬 영화나 소설로는 어떠한 것이 있을까?
- 내가 사회에 할 수 있는 도덕적이며 윤리적 행위는 무엇이 있을지 생각해보자.

3. 장르와 무의식

───── 장르Genre는 영화적 관습을 일컫는다. 어떤 장르에는 그것에 따라 기대되는 고유한 문법이나 서사적 규칙이 있다. 관객들은 장르물을 선택할 때 어떤 식의 이야기일지 대략 짐작한다. 가령, 공포 영화를 선택할 땐 귀신이나 살인마가 등장하리라는 것을 예측하고 로맨틱 코미디를 볼 땐 달콤한 로맨스를 기대한다. 관객들은 장르에서 익숙한 상황 설정과 예상 가능한 스토리를 기대한다. 그러면서도 한편 예상의 범주를 넘어 의표를 찌르는 놀라움을 주기를 기대하기도 한다. 가령, 나홍진 감독의 「추격자」는 살인마가 등장하는 스릴러라는 점에서 장르적 기대를 충족시켜주었지만 한편으로는 마침내 피해자를 구하지 못한다는 점에서 관습을 위배했다. 「추격자」의 성공은 대중들이 관습과 그것의 위반에 대해 어떤 기대감을 갖는지 잘 보여준다. 한편 「추격자」의 위반은 '여성'이라는 약자를 보호해주지 못하는 현대 사회에 대한 불신의 증표이기도 했다. 관객들은 단순히 위반했다는 것이 아니라 그 위반이 우리 사회의 핵심을 보여준다는 데에 동의했다. 현대 영화는 이러한 장르적 규칙을 잘 활용하고 새로운 장르적 관습을 만들어가고 있는 중이다. 장르 영화에는 대중과 사회의 무의식이 녹아 있다.

13

길과
이야기

고향은 무엇일까? 매년 찾아오는 민족 대명절은 이런 질문을 떠올리게 한다. 고향으로 가는 길이 아무리 멀고 막힌다고 할지라도 사람들은 길 위에 나선다. 그렇다면 조금 다른 질문을 해보자. 왜 사람들은 집을 떠나 길 위에 서는 것일까? 여행이란 일상과 어떤 관련이 있을까? 영화 장르 중 '로드 무비'는 길을 떠나는 형식을 띤 작품들을 일컫는다. 고향과 관련된 영화들이 대개 로드 무비 형식을 띠는 것도 이와 관련된다. 왜 사람들은 집을 떠나 길 위로 나서는 것일까? 로드 무비는 어떤 이유에서 인생과 자주 비견되는지 그 의미를 생각해보자.

제79회 아카데미 작품상 후보 중에는 「미스리틀 선샤인」(조너선 데이턴·발레리 페리스, 2006)이라는 작품이 포함되어 있다. 일곱 살짜리 딸이 전국 어린이 미인 대회 출전권을 따자 전 가족이 여행을 떠나는 과정을 그리고 있다. 이 작품은 전형적인 로드 무비라고 할 수 있다. 중요한 것은 이 가족이 우리가 흔히 말하는 낙오자들이라는 사실이다. 아버지는 실패한 강사, 어머니는 가난에 찌든 염세주의자, 쾌락적 마약 중독자 할아버지, 자살 미수자인 외삼촌 등등으로 구성된 이 문제 많은 가족이 여행을 떠난다. 기어가 고장 난 차에 올라 탄 가족은 여행의 끝에 결국 가족의 소중함을 깨닫고 되돌아온다. 그 깨달음은 "인생이란 고통으로 인해 더 아름다운 추억"이라는 프루스트의 말로 요약된다. 가족이란 그런 것이라는 듯 그들의 여행은 삶에 지친 관객에게 따뜻한 위안이 되어준다.

로드 무비는 대개 인생의 질문을 지닌 사람들이 그것에 대한 해답을 얻기 위해 여행을 떠나는 영화를 지칭한다. 배창호 감독의 「길」(2006) 역시 전형적인 로드 무비이다. 믿었던 친구와 아내에게 배신을 당했다고 생각한 장돌뱅이 태석은 평생을 길 위에서 보낸다. 하지만 영화의 끝에 이르러 태석은 마음속의 상처를 지우게 된다. 친구로부터 사과를 받고 아내에 대한 오해를 해소하기 때문이다. 소설 「메밀꽃 필 무렵」과 같은 문예 영화적 분위기가 물씬 풍기는 이 작품은 인생을 살아간다는 것이 곧 커다란 모루를 지듯 각자의 짐을 지는 것임을 잘 보여준다.

로드 무비들이 암시하고 있는 바는 결국 삶 자체가 길을 걷는 것과 같다는 사실이다. 태어나 죽을 때까지 많은 사람들을 만나 부대끼고 사랑하고 상처 입기에 여행길은 인생의 축소판이라고도 할 수 있다. 고단한 삶을 사는 사람들의 여행이 주로 로드 무비에서 조형되고 있는 까닭도 여기에 있다. 이는 한편 로드 무비 속 여행을 떠나는 주인공들이 대부분 사회적 약자인 경우가 많다는 점을 환기시킨다. 이를테면 「노킹 온 헤븐스 도어」(토마스 얀, 1997)의 주인공은 시한부 인생을 선고받은 환자들이었고 「델마와 루이스」(리들리 스콧, 1991)의 주인공인 두 여성은 사회적 약자로서의 여성을 대표한다. 황정민이 주인공을 맡았던 「로드 무비」(김인식, 2002)의 동성애자들 역시 마찬가지이다.

인생은 영화나 소설과 달라 한 번 지나간 길을 되돌아갈 수 없다. 하지만 여행은 언제나 돌아

올 곳을 염두에 둔 잠시의 일탈이다. 그래서 돌아오기 위해 여행을 떠난다는 표현이 가능해진다. 젊은이들의 방황을 그린 작품들이 선택한 로드 무비 형식은 길이 곧 자아 정체성의 확립을 매개한다는 사실을 보여준다. 나의 물리적 육체로써 일회적으로 경험할 수밖에 없는 삶을 유비적으로 체험해보는 것이 곧 여행이며 여행을 다룬 영화들이다. 결국, '로드 무비'는 삶에 있어서의 자기 위치, 자아 정체성을 찾는 과정의 압축으로 요약된다. 길이 곧 인생이고 인생이 곧 길 위에 있기 때문이다.

훌륭한 로드 무비는 아마도 길 위의 여행을 통해 내 삶의 반경을 반추하게끔 하는 작품일 것이다. 영화 속 길을 걸으며 내 삶을 반추해보는 것, 어쩌면 이 여행이 교통 체증으로 몸살을 앓는 진짜 여행보다 더 뜻깊을지도 모른다.

생각, 부수고 비틀기

- 왜 인생은 길과 비교되는 것일까. 소설 「메밀꽃 필 무렵」부터 영화 「델마와 루이스」까지 수많은 예술작품 속에 길이 등장하는 까닭을 생각해보자.
- '모든 영화는 로드 무비이다'라는 말이 있다. 무슨 의미인지 생각해보자.

14

상상과
과학

과학이 허락해준 상상력 ㅣ　　　SF 영화science fiction film는 과학
적 이론을 현실 세계의 경험과 접합한 장르이다. SF 영화의
역사 자체가 과학의 발전과 맞물려 있다는 뜻이다. 복제 인
간, 시간 여행, 디지털 혁명, 사이버 공간과 같은 과학적 상
상력들은 영화적 이미지를 통해 사실적으로 재현된다.

　　SF는 일찍이 장르 소설로 자리 잡았다. '사실과 허구'
를, 이야기를 구성하는 두 축으로 볼 때, SF는 사실보다 '허
구'를 강조한다. SF는 과학적 가능성을 통해 미래에
대한 작가의 비전을 제시하고자 한다.* 그런 점에
서 SF는 '지금, 여기'보다는 어딘가 다른 곳, 즉 시
간적으로나 공간적으로 다른 어떤 곳을 그리고 있

■ 로버트 숄즈 · 에릭 라브킨, 『SF의
이해』, 김정수 · 박오복 옮김, 평민사,
1993, pp. 13~14.

는 작품이라는 것을 알 수 있다. 우리가 잘 알고 있는 「터미네이터The Terminator」*는 도래하지 않은 '미래'를 그리고 있고 「매트릭스」는 이곳이 아닌 다른 곳을 가정한다. 우주 생명체의 존재 가능성을 그린 「에일리언Alien」** 역시 마찬가지이다. SF는 우리가 '지금, 여기'서 눈에 보고 감각하는 세계가 아니라 가능할 것이라고 믿는 어떤 세계와 이론을 상상으로 그려낸다.

장르로서의 SF는 과학을 뜻하는 Science와 허구를 의미하는 Fiction의 합성어이다.*** SF에는 소재나 구성 원리에 일종의 관습이 있다. 이에 문학평론가 서빈Suvin은 SF를 소재적으로 규정하는 것에 반대해 "인식과 소외의 문학"으로 정의한다.**** 서빈이 말하는 "인식과 소외의 문학"은 SF의 구성 요소인 과학Science을 보다 중립적인 용어인 인식 Cognition으로 교체하고, 현실을 낯설게 하려는 노력을 포함하고 있다.

우리가 영화사에서 중요하게 다루고 있는 작품 역시 과학적 요소를 활용한다기보다 과학적 능력이 가져올 변화에 대한 반성과 인식을 다루고 있는 작품들이 많다. 훌륭한 SF 영화들은 과학적 사

■ 미국의 공상과학 영화 시리즈이자 주인공인 로봇 병기 이름. 1984년 제임스 캐머런 감독이 1편과 2편을 연출했고, 조너선 모스토가 3편을, '미래전쟁의 시작'이라는 부제의 4편은 맥지가 감독하였다.

■■ 항해 중인 대형 우주선이 매우 공격적이고 특이한 외계생물에게 습격당하면서 벌어지는 사건을 다룬 영화. 1979년 리들리 스콧 감독에 의해 1편이 개봉된 후 큰 인기를 끌면서 시리즈로 제작 상영되었다.

■■■ SF라는 용어는 1923년 휴고 건스백이 과학 전문 잡지 『과학과 발명』 전부를 소설로 꾸미면서 이 특집의 이름을 "사이언티픽션Scientifiction"이라고 한데서 유래했다. 로버트 스콜즈 · 에릭 라프킨, 앞의 책

■■■■ Darko Suvin, *Metamorphoses of Sceience Fiction*, London: Yale University press, 1980.

실의 중요성이나 그것의 진위 여부에 매달리지 않
는다. SF 영화가 관심을 가지고 있는 것은 오히려
인간다움과 과학적 가능성의 공존이라는 주제이
다. SF 영화는 과학적 소재를 사용하고 있기는 하
지만 결국 인간적 삶의 필요조건에 대한 사유로 진
행된다.

SF 영화에서 발견할 수 있는 삶에 대한 사유
는 다루고 있는 소재와 방식을 통해 몇 가지로 구
분할 수 있다. 우선, 아직 도래하지 않은 미래 사
회를 디스토피아 혹은 유토피아로 제시하는 영화
이다. 급격한 과학 발전이 만들어낸 미래 사회가
과연 인류의 행복에 어떤 영향을 미칠 것인가, 라
는 점을 살펴보는 것이다. 이런 영화로는 생명공
학과 인간의 문제를 다룬 「A. I.」「아일랜드」「블
레이드 러너」「가타카」와 같은 작품 그리고 기계와
무기의 발전으로 인한 인간의 위험을 다룬 「터미
네이터」「매트릭스」「아이 로봇」과 같은 작품들을
들 수 있다.

두번째 주목해야 할 SF 영화 중 하나는 바로
시공간 이동, 즉 시간 여행에 관한 영화들이다. 아

인슈타인의 상대성이론 속에서 이론적으로 가능한 이 가설을 이용해 사람들은 시간 이동에 대한 욕망을 드러낸다. 이 욕망에는 과학적 발전을 넘어 인간의 훨씬 더 근원적인 바람이 자리 잡고 있다. 마지막으로는 인간과 신의 한계, 인간이 과학의 힘으로 침범할 수 있는 신의 영역에 대한 질문이 있다. 흥미로운 것은 최초의 SF 소설 그리고 그를 기반으로 한 SF 영화가 바로 신과 인간의 권능에 대한 질문에서 시작했다는 것이다.

괴물과 문명 | 프랑켄슈타인, 드라큘라, 투명인간과 같은 주인공들이 등장하는 영화들을 '괴기 영화'라고 부른다. 흥미로운 것은 이 작품들이 대개 1930년대 제작되고 유통되었다는 사실이다. 대개 소설을 원작으로 한 '괴기 영화'들은 당대 사회상의 중요한 부분들을 암시하고 있다. 이는 공포 영화에 등장하는 공포의 주체가 당대 사회에서 억압받는 소수자인 것과 유사한 맥락에 놓여 있다.

주목해야 할 것은 괴기 영화들이 제작된 시기적 배경이 바로 현대 과학문명이 꽃피우기 시작한 시기와 맞물린다는 것이다. 그렇다면 괴기 영화의 주인공들과 현대 문명은 어떤 관련이 있는 것일까? 현대 문명 및 사회상과 관련된 공포 영화 및 괴기 영화를 연상하며 그 연관성을 생각해보자.

1931년 미국 유니버설 스튜디오에서 제작된 괴기 영화 「프랑켄슈타인Frankenstein」(제임스 웨일)은 1918년에 간행된 메리 셸리의 원작 소설을 각색한 작품이다. 재미있는 사실 중 하나는 누구나 프랑켄슈타인을 괴물의 이름으로 알고 있다는 점이다. 실상, 프랑켄슈타인은 죽은 시체들로 조합된 괴물이 아닌 그 괴물을 만들어낸 과학자이자 의사의 이름이다.

중요한 것은 바로 이 착각이다. 괴물 자체가 아닌 괴물을 만들어낸 창조주를 '괴물'로 오인하고 있는 데에는 애초에 원작자가 의도했던 비판 의식이 내재해 있다. 메리 셸리가 강조하고 싶었던 것 자체가 괴물의 엽기성이나 그로테스크함이 아니라 그러한 괴물을 의도적으로 만들어낸 한 사람의 만행이었기 때문이다. 「프랑켄슈타인」의 부제가 "현대의 프로메테우스"인 것도 바로 여기서 비롯된다.

원작 소설 『프랑켄슈타인』의 줄거리는 이렇다. 어머니의 죽음 앞에서 속수무책이었던 의사 프랑켄슈타인은 영구한 생명을 창조하는 것이 과학적 의사의 소임이라고 생각한다. 그는 신의 영역마저도 과학적 지식과 도전의식으로 정복할 수 있다는 생각하고 매진한다. 그리고 마침내 프랑켄슈타인 박사는 시체들을 조합한 새로운 생명체를 만들어내는 데 성공한다. 문제는 시체로 엮인 그 생명체가 괴력을 발휘하는 순간 통제 불가능한 괴물이 되고 말았다는 데에 있다.

이미 짐작했겠지만, 과학적 지식과 이성의 간지(奸智)에 의존해 신의 영역까지 도전하는 프랑켄슈타인은 현대 문명과 과학을 맹신하고 있는 현대인의 모습을 상징한다. 원작에서 "그것(it)"이라고 명명된 괴물이 자신을 만든 창조자의 통제권을 벗어나 폭력을 휘두르는 것 역시 마찬가지이다. 환경 호르몬이나 이상 기후와 같은 현재의 현상들은 과학이 선사해준 편리와 혜택을 남용한 결과로 탄생한 괴물이라고 할 수 있다. 우리가 만들어낸 산물과 혜택 들이 우리를 위협하는 원흉이 되는 악순환, 그것이 바로 프랑켄슈타인 박사가 경고하는 바의 핵심인 셈이다.

현대 문명과 과학에 대한 맹신을 경고하고 비판하는 태도를 발견할 수 있는 것은 비단 「프랑켄슈타인」뿐만이 아니다. 우리에게 잘 알려진 괴기 영화의 캐릭터 중 하나인 '늑대인간' 역시 천체망원경을 통해 우주를 관찰하는 과학적 지식인으로 묘사되어 있다.[*] 한 과학자의 오만이 불러온 불완전한 실험에 의해 투명인간이 등장한 것도 마찬가지이다.[**]

물론, 최근의 영화 속에서 괴기 영화의 주인공들은 엽기성이나 괴기성에 초점을 맞춰 좀더 감각적이고 선정적인 캐릭터로 강등되고 있는 것이 사실이다. 괴상한 외모를 갖춘 괴물 정도로 설정된 인물들은 이제 오락거리 그 이상도 이하도 아니다. 그러나 분명, 괴기 영화 속 주인공들이 탄생하게 된 배경에는 문명에 대한 비판이 있었음을 주지해야 한다.

괴기스러운 인물들이 등장한 소설이 씌어지기 시작했던 1818년은 과학에 대한 기대가 극도로 팽창했던 시기라고 할 수 있다. 이 소설들이 영화로 만들어졌던 1930년대 역시도 과학의 가능성과 능력에 대한 신뢰가 한창이었던 시절이기도 하다. 어떤 점에서, 우리가 기대하고 믿었던 능력들이 족쇄로 되돌아오는 아이러니는 여전히 계속되고 있을지도 모른다. 맹목적 발전론의 음영은 동시대에 발견되기 어렵기 때문이다.

[*] 유럽 민간 전승 설화에서 유래한 이야기이다. 1941년 조지 와그너가 감독한 「늑대인간」에서 주인공은 아버지의 망원경을 조작하며 현대 과학 발명품의 위대함을 찬탄하는데, 그는 곧 늑대의 습격을 받고 늑대인간이 된다.

[**] 「투명인간」은 영국의 소설가 웰스가 지은 공상 과학 소설(1897)을 원작으로 1933년 제임스 웨일 감독에 의해 영화화되었다. 이후 폴 버호벤 감독이 「할로우 맨」(2000)으로 리메이크해서 인기를 끌기도 했다.

과학적 발전이 초래할 인류의 미래는 과연? | 우리
는 뉴스나 신문 지면에서 과학 기술의 진보를 무조
건적으로 찬양하는 장면들을 목격한다. 황우석 박
사가 복제에 성공했다거나 누가 우주비행에 성공
했다는 식으로 말이다. 그런데, 과학적 가능성과
이론을 배경으로 한 SF 영화들이 그려내고 있는
미래는 그다지 밝지만은 않다. 오히려 뉴스나 신
문에서 보는 것 그리고 기대하는 것과는 정반대의
상황을 보여주는 경우가 더 많다. 그 단적인 예가
바로 생명공학이 발전한 먼 미래를 그린 영화 두
편, 「가타카Gattaca」(앤드류 니콜, 1997)와 「아일랜
드The Island」(마이클 베이, 2005)이다.

　　이 두 영화는 모두 유전자 지도, 게놈 프로
젝트가 완료된 이후 먼 미래를 가상으로 제시하고
있다. 그런데 이 작품들이 보여주는 미래 사회는
차별이 극심화된 공간이다. 「가타카」는 유전자 지
도에 의해 선천적으로 우열이 나뉘어 계급까지 결
정되는 사회이다. 한편 「아일랜드」는 자신의 유전
적 결함을 보충하기 위해 예비 장기용으로 복제 인

간을 만들어놓는 비윤리적 공간으로 그려지고 있다. 이러한 영화들은 인간이 자신에게 주어진 과학적 혜택을 선하게, 윤리적으로 쓰지만은 않을 것이라는 전제를 바탕에 깔고 있다. 인간은 이기적이기 때문에 과학적 혜택을 남용할 것이라는 생각 말이다. 이는 비단 미래에 한정된 문제라고는 할 수 없다. 그런 점에서, 미래 사회를 통해 '지금, 이곳'의 문제까지 반성적으로 제시하고 있는 작품 「매트릭스」는 반드시 보아야 할 작품이라고 할 수 있다.

　　워쇼스키 형제의 「매트릭스」는 과학의 가능성을 인간의 본성, 진실과 가설과 같은 철학적 문제로 확대한 작품이다. 이 작품은 『매트릭스로 철학하기』와 같은 철학책을 만들어낼 만큼 복잡다단한 현대 사회의 문제점을 잘 제시하고 있다. 그렇다면 과연 「매트릭스」가 내포하고 있는 철학의 문제는 어떤 것일까? "당신이라면 빨간 약과 파란 약 중 무엇을 선택하겠는가?" 문제는, 이 질문에 압축되어 있다.

　　저명한 몇몇의 철학자들이 엮은 『매트릭스로 철학하기』는 영화 「매트릭스」가 지니고 있는 여러 가지 실존적 문제들을 전면적으로 다루고 있는 저작이다. 이 책 속에서 「매트릭스」의 세계는 소크라테스를 곤경에 빠뜨리고 데카르트의 언명을 떠올리게 하는 가설로 제시되어 있다. "숟가락은 없다"와 같은 화두를 통해 불교적 세계의 윤리를 생각하는 것도 같은 맥락이다. 「매트릭스」는 그 영상이 보여준 혁명성만큼이나 사이버 세계라는 가상 체계를 전위적 질문으로 제시한 작품이다.

영화 「매트릭스」의 이야기는 평범한 삶을 살고 있던 네오라는 인물이 자신의 삶이 모두 허구라는 것을 감지하는 데서부터 시작한다. 그가 발 딛고 감각하며 살아온 삶이 허구라는 것은 삶의 조건 모두가 프로그램화된 시뮬레이션이라는 것을 의미한다. 마치 컴퓨터를 부팅하고 인터넷 서버에 접속해 게임을 즐기듯 육체가 아닌 정신이 삶이라는 환상을 향유하는 것이다. 꿈을 꾸듯 삶을 살아가는 「매트릭스」 속 현실은 끔찍한 악몽과도 같다. 우리가 살고 있는 실재적 삶이 모두 가짜이자 프로그램이란 것, 그것은 삶의 기반 자체를 흔들기 때문이다.

그런데, 여기서 한 가지 질문해보자. 세상 모든 사람들이 '사이버 세계' 혹은 '시뮬레이션 공간'이라는 말을 일상적으로 사용한다. 하지만 과연 '사이버' 혹은 '시뮬레이션'이란 무엇인가? 만일 이 질문에 대해 구체적으로 대답을 해보라고 요구한다면 대부분은 우물쭈물할 수밖에 없을 것이다. 이유는 대략 두 가지로 압축된다. 하나는 우리가 사이버 세계에 대해 질문을 던지기도 전에 그것은 우리의 삶을 구성하는 주요 원리가 되었다. 다른 하나는 사이버라는 개념어 자체에 대한 무관심이다. 마치 상표 이름처럼 우리는 '사이버 cyber'라는 이름을 사용한다.

영화 「매트릭스」가 우리에게 가장 절실하게 보여주는 것 중 하나가 바로 이 '사이버'라는 개념이다. 실상 '사이버'라는 것은 눈에는 실재하는 것처럼 보이지만 결코 실존하지 않는 가상 체계를 일컫는다. 쉽게 말하면, 이렇다. 컴퓨터 게임상에 존재하는 사람은 내가 내린 명령대로 성장하고 움직이고 죽기도 하지만, 그것은 실상 부호들의 집합에 지나지 않는다. 내가 인터넷 속 아바타에 붉은 옷을 입히고 푸른 바지를 입힌다 할지언정 그것은 연산된 숫자의 결과에 불과한 셈이다.

「매트릭스」의 놀라운 발견 중 하나는 여기서 유추된다. 우리는 사이버 세계를 조율하는 주체가 우리 자신이라고 생각한다. 하지만 영화는 실상 우리 역시도 누군가에 의해 조종되는 상상의 일부라고 말해준다. 실존은 인큐베이터에 갇혀 있고 주입된 프로그램을 실제처럼 느끼며 산다. 살긴 살지만 그것은 현실감 있는 꿈에 지나지 않는다.

물론,「매트릭스」를 통해 유추할 수 있는 철학적 사고의 핵심은 이 밖에도 많다. 이를테면, 영화 속에서 '진짜 삶'은 형편없이 참혹한 지경으로 그려져 있다. 차라리 꿈이 더 달콤하다. 이에 문제는 쾌락과 진실 중 무엇이 우선인가로 이어진다. 다른 궁금증도 있다.「매트릭스」는 어디엔가 진짜 세계가 존재하리라는 환상을 준다. 이는 곧 현재의 삶이 불완전하다는 회의를 만들어내기도 한다. 그렇다면 진짜 세계, 그러니까 초월적 공간이나 유토피아 같은 게 있기는 한 것일까? 이런 질문이 마땅히 이어질 만하다.

흥미로운 사실 중 하나는 이 영화를 보는 관객의 입장에 따라 질문의 지점이 달라진다는 것이다. 누군가는 관념론과 실재 사이에 의심을 품고 누군가는 초월적 존재의 가능성에 대해 질문을 갖는다. 사이버 세상과 현실의 관계란 과연 무엇이며 무엇이 진실이란 말인가? 과연 내가 진짜라고 믿는 것이 실재하기는 하는 것인가? 결국, 문제는 진실과 거짓, 실재와 허위 사이에 놓여 있는 것이다.

왜 사람들은 불가능한 것들을 상상할까 | 「터미네이터」「나비효과The Butterfly Effect」(에릭 브레스·마키에 그러버, 2004), 「언니가 간다」(김창래, 2006). 이들 영화의 공통점은 무엇일까? 좀더 쉬운 예시들을 들어보자. 「백 투 더 퓨처Back To The Future」(로버트 저메키스, 1985)와 앞의 영화들의 공통점은 무엇일까? 이 작품들은 모두 시간 여행을 소재로 시작된 작품들이다. 아인슈타인의 특수상대성이론이 성립된 이후 이론상 시간 여행은 가능해졌다. 빛의 속도보다 빠르게 움직인다면 시간을 역전할 수 있으리라는 가설이 만들어진 것이다. 아인슈타인의 상상력에 가장 큰 혜택을 입은 분야는 바로 영화계라고 할 수 있다. 관념적 상상이나 이야기 구조 속에서나 가능할 법한 '시간 여행'이라는 오래된 숙원이 과학적 이론과 마주쳤으니 말이다.

시간 여행 작품 중에서 우리에게 가장 익숙한 작품은 마이클 제이 폭스가 주연을 맡았던 「백 투 더 퓨처」이다. 영화 속에서 그들은 요상하게 생긴 자동차를 타고 과거와 미래를 오간다. 과거로 돌아간 주인공은 부모님의 사랑이 이뤄지도록 도와주기도 하고 답답한 현재를 바꾸기도 한다. 그렇다면 시간 여행이란 이토록 간단한 농담거리에 불과한 것일까?

이론상 가능하다 할지라도, 시간 여행에서 가장 큰 문제점은 바로 선후 관계의 얽힘에서 비롯된다. 이를테면 이런 식이다. 누군가 과거로 돌아가 자신의 할머니를 살해했다고 하자. 그렇다면, 할머니의 손자인 그 범인은 과연 태어날 수 있었을까? 태어나지 않았다면 할머니를 죽이는 사건 자체가 가능한 것인가?

1984년 작인 「터미네이터」는 그런 의미에서 매우 의미심장한 작품이다. 저예산으로 만들어진 이 작품은 세기말적 종말과 SF, 시간 여행, 멜로의 다양한 요소를 종합한 할리우드 블록버스터 영화의 효시에 가깝다. 작품의 줄거리는 간단하다. 미래로부터 암살범이 온다. 그는 미래의 반군 지도자 존 코너를 없애고자 그의 어머니를 죽이러 찾아온 것이다. 이에, 존 코너 쪽에서도 그녀를 보호할 만한 사람을 보낸다. 중요한 것은 그다음부터다.

공교롭게도, 존 코너의 어머니는 자신을 구하러 온 보호자와 사랑에 빠져 아이를 낳는다. 그러니까, 미래로부터 과거로 온 남자의 아들이 존 코너인 셈이다. 논리적으로 재구성해보면 이렇다. 존 코너가 보낸 사람이 존 코너의 아버

지이다. 존 코너가 그를 보내지 않았다면 애초에
존 코너는 태어날 수도 없는 것이다. 그렇다면 닭
이 먼저인가 달걀이 먼저인가, 문제는 복잡해진다.

　시간에 관한 문제가 비단 과학자들의 영역이
아닌 철학적 사유의 대상이기도 한 까닭은 여기에
있다. 많은 예술가들이 시간 여행에 관심을 갖는
것은 숙명적 현재를 바꾸고자 하는 열망에서 비롯
된다. 그래서, 시간 여행을 다룬 작품들은 지나온
과거에 대한 회한과 향수에서 시작하는 것들이 많
다. 현재의 삶을 교정하기 위해 과거로 계속 돌아가는 영화
인 「나비효과」나 「데자뷰」(토니 스콧, 2006) 역시 마찬가지
이다. 그들은 현재의 삶을 좀더 나은 것으로 바꾸고자 과거
로 돌아가지만 상황은 나빠지기만 한다. 자연의 거대한 섭리
가 선사한 수식에 인간이 손을 대는 순간, 세계는 걷잡을 수
없는 악몽으로 전도되는 것이다.

　결국, 시간 여행을 다룬 작품들은 시간의 영원성 앞에
놓인 유한한 인간의 한계가 산출한 환상이라고 할 수 있다.
시간의 구조가 직선적이며 일회적이라는 것을 알기에, 그리
고 한 번 흘러간 시간은 되돌이킬 수 없다는 것을 알기에 환
상을 통한 복원은 더 소중해진다. 이것은 한편 상상을 시각

적으로 재현할 수 있는 영화가 시간 여행에 관심을 쏟는 이
유이기도 하다.

영화는 곧 시간을 통제하고 재구성하는 작업이라고 할
수 있다. 영화의 편집은 직선적으로 흐르는 시간을 재구성하
는 작업이다. 편집을 통해 시간은 절대적인 기준이 아닌 감
독의 감각으로 재구성된다. 슬로 모션으로 길어지기도 하고
생략되거나 압축될 수도 있다. 과거와 현재의 순서를 뒤바꾸
고 재구성하는 작업, 삶의 일회성을 위배하는 작업이 바로
영화이다.

생각, 부수고 비틀기

- 복제 문제와 「프랑켄슈타인」은 어떤 관련을 가지고 있을까? 혹은 아무런 관련이 없는 것인지에
  대해 생각하고 토론해보자.

- 영화 「매트릭스」에서 던지는 질문 "빨간 약을 먹을 것인가, 파란 약을 먹을 것인가", 즉 꿈같은
  가상에 남을 것인가 참혹한 현실로 돌아갈 것인가라는 질문에 대해 자신의 대답을 써보자. 네
  오가 선택하듯 하나를 선택하고 이유를 서술해본다.

- 시간 여행에 대한 상상력은 시간의 유한성에서 비롯되었다고 볼 수 있다. 이는 유한할 수밖에
  없는 인간의 숙명과의 대결이기도 하다. 관련이 있는 신화나 다른 작품을 찾아서 비교해본다.

15

동화와
판타지

동화는 아이를 위한 것일까 어른을 위한 것일까 |　　　2001년 처음
선보인 「슈렉shrek」(비키 젠슨·앤드류 애덤슨)은 세계 각지에
서 사랑받고 있는 애니메이션이다. 「슈렉」의 인기는 기존 전
래 동화의 문법을 전복해 새로운 언어를 만들어냈다는 평가
와 관련 있다. 「슈렉」은 기존 전래 동화 문법을 반복한 디즈
니사 작품들과 다르다. 「슈렉」에는 잘생긴 왕자도 왕자가 구
해준 아름다운 공주도 등장하지 않는다. 이런 면에서 「슈렉」
은 아동보다도 전래 동화에 익숙한 성인 관객에게 훨씬 더
전폭적인 지지를 받았다.

　　하지만 과연 전래 동화란 아이들에게 편견과 선입관을
길러주고, 악영향만 끼치는 것일까? 「슈렉」과 그 이전의 전

래동화를 비교해보고 각각의 장단점 및 교육적 효용에 관해 논의해보자.

「슈렉」의 첫 장면은 이렇게 시작된다. "먼 먼 아주 먼 옛날 괴물이 살았더래요"라고 말이다. '아주 먼 옛날 공주 혹은 왕자가 살았더래요'로 시작되는 전래 동화의 관습을 뒤 엎는다. 도발을 증명하듯 「슈렉」의 주인공은 못생긴 괴물이 고 구해야 할 공주는 잠든 척하는 말괄량이이다. 공주의 아 름다운 외모는 잠시 빛나는 태양의 축복일 뿐, 해가 지고 나 면 그녀 역시 못생긴 괴물로 돌변한다. 단 한 번도 전래 동 화의 주인공이 된 적이 없었던 외톨이 못난이들, 「슈렉」은 시작부터 전래 동화의 전통을 겨냥하고 있다.

「슈렉」은 전래 동화의 전통을 클리셰*로 부르며 그것을 거부하고자 한다. 원래는 훌륭한 경구였던 것이 점차 남용됨 에 따라 진부한 표현이 되듯이 전통은 오래된 습관 이 되기 쉽다. 「슈렉」이 공격한 전래 동화의 전통도 그렇다. 이를테면, 이런 식이다. 왕자 혹은 공주가 등장한다. 그리고 대부분 그들은 뛰어난 미모나 재 주를 지니고 있다. 훌륭한 가문에 빼어난 외모를 지 닌 그들은 1퍼센트의 선택받은 소수라고 할 수 있

■ 클리셰cliche는 원래 독창적인 표 현이나 경구였으나 지나치게 흔하게 사용된 탓에 진부하게 된 수사법을 뜻 한다. 가령, '밤하늘의 별처럼 아름다 운 너의 눈동자' 같은 표현은 처음에 는 독창적이었을지 몰라도 지금은 너 무 뻔한 표현이 되었다.

다. 디즈니가 영화화하고 만화화한 전래 동화들은 대부분 이 관습에서 자유롭지 못하다. 이는 곧 평범한 사람들이 주인공이 될 수 없는 동화적 구성의 한계를 내포한다.

「슈렉」은 바로 그 한계에 맞닿아 있는 디즈니 만화 전통에 도전한다. 수려한 외모와 훌륭한 집안 배경을 지닌 왕자나 공주로 시작되던 이야기를 못생기고 냄새나고 더러운 괴물로 바꿔놓은 것은 의도적 선택이라는 뜻이다. 「슈렉」이 전래 동화를 전복하고자 한다는 사실은 몇몇 장면에서 충분히 입증된다. 백설공주, 신데렐라와 같은 동화 속 공주들은 남자를 차지하기 위해 몸싸움도 불사한다. 한술 더 떠 왕자들은 음모와 협잡을 꾸며내는 사기꾼에 불과하다. 아름다운 공주와 용감한 왕자의 결합으로 귀결되는 전래 동화 속 공식은 「슈렉」속에서 여지없이 무너져버린다. 「슈렉」은 지극히 현실적인 동화 공간인 셈이다.

주목해야 할 것은 전통을 거부하는 영화 「슈렉」이 선택한 무기가 바로 '웃음'이라는 사실이다. 「슈렉」은 환상 속의 전통적 동화 공간을 현실적이며 동시대적인 '코드'의 공간으로 바꾸어놓았다. 코드란 무엇인가? 그것은 바로 동시대의 같은 문화권에서 소통되는 인식의 공감대라고 할 수 있다. 가령, 한국 문화에서 "애매한 것 정해드립니다잉"이라는 말은 단순히 지시어가 아닌 웃음을 유발하는 코드어이다. 유명한 개그 프로그램의 유행어를 알고 있다는 전제 아래에서 웃음은 공유된다. 만일 한국어를 사용하는 한국인일지라도 텔레비전 프로그램을 보지 못한 사람이라면 이 코드는 소용이 없다. 피오나 공주가 360도 회전을 하며 현란한 발차기를 할 때 관객들은 웃음을 터뜨린다. 이 웃음은 우리가 갖고 있던 두 가지 선행 지식의 결과라고 할 수 있다. 하나는 1999년 작 「매트릭스」에 나온 장면이라는 것, 다른 하나는 동화 속 공주들은 늘 얌전하고 조용한 규수들이라는 사실이다.

「매트릭스」를 차용했다는 점에서 알 수 있다시피 「슈렉」의 웃음은 주로 하위문화*에서 비롯되었다. 힙합, 대중가요, 상업영화 등 할리우드 영화와 빌보드 차트의 개념들이 「슈렉」의 공간을 차지하고 있다. 주인공 '슈렉'이 예의범절을 무시하고 자기 멋대로 살아가는 인물이라는 점 역시 그렇다. 「슈렉」은 주인공의 그러한 면을 자유분방하고 꾸밈없는 자연인의 모습으로 제시한다. 아무 데서나 방귀를 뀌고 잘 씻지도 않는다. 이 사회에서는 낙오자의 표식이 될 법한 것들이 영화 속에

* 어떤 사회의 주류 문화에 대비되는 개념으로서 부차적 문화라고도 한다. 1950년대 미국에서 비행 청소년들 간에 형성된 독특한 문화를 지칭하는 용어로 쓰이다가 오늘날에는 여러 영역에서 두루 쓰이게 되었다.

서는 아무렇지 않은 개성으로 뒤바뀐다.

「슈렉」의 웃음은 익숙한 관습에 대한 위배로부터 비롯된다. 일상을 억압하는 권위와 질서, 법칙이나 에티켓을 거부하는 존재, 그가 바로 슈렉이다. 그런 점에서 「슈렉」은 거친 입담과 재주를 통해 관객을 웃게 만들던 해학적 서민 놀이패들과 닮아 있기도 하다. 못생긴 공주, 시기 질투투성이인 캐릭터들은 전래 동화의 엄숙성을 거부한다. 원작이 있을 경우 충분히 알려진 그 원작의 코드를 비꼼으로써 웃음과 비판을 불러일으키는 방식을 패러디라고 부른다. 「슈렉」은 이러한 측면에서 전래 동화의 재발견이자 패러디임에 분명하다.

전래 동화의 상상력은 그렇게 나쁜가? | 　　그렇다면 이쯤에서 다시 한 번 질문을 던져보자. 과연 「슈렉」이 부정하고 비꼬고 있는 전래 동화는 버려야 할 이데올로기*에 불과할까? 그리고 「슈렉」이 내세우는 하위문화는 해학과 농담을 통해 기존 질서를 위협하던 건전한 전복성을 가지고 있을까? 혹시 「슈렉」이 권위나 전통이 아닌 다른 이데올로기를 은근히 종용하고 있는 것은 아닐까?

　　마지막 질문부터 대답을 해보자. 「슈렉」이 패

■ 이데올로기란, 인간·자연·사회에 대해 개인이 품는 사상과 의식의 체계를 말한다. 역사적, 사회적 입장을 반영해 형성된다.

러디하고 있는 작품 및 대상들은 모두 할리우드 영화나 빌보
드 차트에서 차용되고 있다. '래리 킹'이나 '저스틴 팀버레이
크'와 같은 인물들은 미국 대중 문화를 알아야만 즐길 수 있
는 코드이다. 간과하지 말아야 할 것은 이와 같은 이름들을
모를 때 「슈렉」이 선사하는 웃음의 질이 대폭 달라진다는 사
실이다. 좀더 솔직히 말하자면 할리우드 문화나 블록버스터에
대해 모른다면 「슈렉」은 그저 그런 영화로 받아들여질 것이
뻔하다.

　　이러한 점은 영화의 속편인 2편에 이르러 훨
씬 더 극명해진다. 결혼한 후 "겁나 먼 왕국"으로
돌아오는 슈렉 부부는 기나긴 여정을 거쳐 드디어
왕국의 입구에 도착하게 된다. 왕국의 입구는 영
화 「프리티 우먼Pretty Woman」(게리 마셜, 1990)의
한 장면으로도 기억되는 할리우드의 명품 거리이
다. '베르사체', '샤넬', '베스킨 라빈스'와 같은 전
지구적 대기업 혹은 명품의 이름들이 이니셜 한두
개가 바뀌어 재현되어 있다. 전통을 거부하고 인
습을 전복하던 슈렉이 자본이 최우선이 되는 할리
우드 거리 속을 걸어가는 것이다.

　　「슈렉」이 거부했던 전래 동화나 디즈니사의

만화영화들은 정상 가족에 대한 케케묵은 이데올로기를 담고 있다. 여자는 꼭 결혼해야 하고 게다가 멋진 남자를 기다려야만 한다. 결혼하면 아이들을 낳아 잘 키워야 하고 왕자나 공주와도 같다는 환상도 주어야 한다. 전래 동화나 디즈니 만화영화들은 결혼으로 귀결되는 연애를 정답으로 제시한다. 아름다운 결혼에는 동성애자도, 가난한 자들도 끼어들 틈이 없다.

하지만 그것을 거부한 「슈렉」의 공간에는 미남 기사, 미녀 공주는 없지만 나머지 구도는 유효하다. 왕권 계승이 문제가 되고 지위나 재산도 큰 영향을 미친다. 게다가 할리우드 문화에 대한 관심사가 없으면 영화를 이해하는 것조차도 힘들어 보인다. 유명한 텔레비전 뉴스 진행자가 누구의 목소리를 맡고 오스카상 시상식을 패러디한 레드카펫이 연출된다. 모든 패러디가 할리우드의 상업 영화에서 시작해 거기서 끝난다.

좀더 심각한 문제는 「슈렉」이 전래 동화의 깊은 뜻을 왜곡하고 있다는 데에 있다. 오래된 전래 동화 속에는 인류가 대물려온 지혜가 담겨 있다. 독일의 아동 정신분석학자인 부르노 베텔하임이 쓴 『옛 이야기의 매력』(시공주니어, 1998)에는 이러한 점이 잘 나타나 있다.

　　대개 전래 동화는 금기와 그것을 위반했을 때의 결과로 진행된다. 이를테면 이런 식이다. 스무 살이 되기까지 절대 올라가서는 안 될 옥탑이 있다. 그곳에는 오래된 물레가 있는데 공주가 스무 살이 되기 전에 그곳에 올라가 물레에 손댈 경우 공주를 비롯해 성의 모든 사람들이 100년간 잠이 들게 된다. 모든 금기는 깨지기 마련임을 증명하듯, 공주는 꼭 스무 살 이전에 그곳에 가 물레에 손을 댄다. 성은 잠에 빠지고 시간은 정지된다. 그녀와 성을 깨우는 것은 왕자의 입맞춤, 그 이후 성은 되살아나고 공주와 왕자는 결혼해 행복한 여생을 보내게 된다.

　　이 이야기는 적당한 나이에 이르기 전에 성적 접촉을 하면 결국 위험할 수 있음을 아이들에게 암시한다. 100년 동안의 수면이 상징하는 것은 호기심만큼 성장해야 할 정신적 깊이이다. 몸이 어른이 된다 할지라도 타인을 만나 가정을 이루는 데에는 적당한 성숙과 훈련이 필요하다. 세상을 살아가는 데 필요한 암시와 훈련, 그것이 곧 전래 동화의 중요한 효능이다. 중요한 것은 전래 동화가 이러한 교육을 직설적 계몽이 아닌 간접적 형태를 취하여 전하고 있다는 점이다. 이야기를 통해 어른의 경험은 무리 없이 전달된다.

전래 동화들이 대부분 비슷한 이야기 구조를 갖고 있는 까닭도 이와 관련된다. 전래 동화들은 어른이 된다는 것, 성인이 된다는 것에 대한 무의식적 담론들을 형성해준다. 이런 측면에서 볼 때, 「슈렉」은 아이들보다는 어른에게 적합한, 성인용 동화라고 할 수 있다. 「매트릭스」와 같은 동시대의 문화 아이템에 대한 패러디도 그렇다. 코드를 알고 그 코드의 의미를 내재화한 어른에게 「슈렉」은 훌륭한 도발이고 재미있는 패러디이지만 아이들에게는 전래 동화의 관습이 더 요긴할지도 모른다. 전래 동화에는 생각보다 깊은 의미와 가르침이 담겨 있기 때문이다.

때로 동화는 현실보다 더 혹독하다 ｜ 「남극일기」(2005)를 연출했던 임필성 감독은 2007년 크리스마스 시즌에 「헨젤과 그레텔」이라는 작품을 선보였다. 그림 형제가 수집한 독일 동화 「헨젤과 그레텔」은 동화라고 하기에는 끔찍한 내용을 담고 있다. 알고 있다시피 「헨젤과 그레텔」은 먹고살기가 팍

팍한 계모가 남매를 버리는 이야기이다. 잔혹함은 남매를 버리는 설정보다는 아이를 오븐에 넣어 구우려 했던 마녀 부분에서 절정을 이룬다. 임필성 감독이 주목하는 것도 바로 이 잔혹성이다.

우리는 대부분 전래 동화들을 디즈니풍의 순화된 방식으로 기억한다. 유명한 디즈니 만화영화 중 하나인 「신데렐라」만 봐도 그렇다. 만화영화 속에서 신데렐라라는 착한 소녀가 결국 사필귀정으로 행복해지는 과정을 그린다. 계모와 배다른 언니들의 핍박과 계략에도 불구하고 신데렐라는 착한 마음씨로 왕자를 배필로 얻게 된다. 구박을 참고 견뎌왔던 신데렐라의 선함이 계급의 상승이라는 결과물로 보상된 것이다. 우리는 신데렐라를 "그래서 두 사람은 영원히 행복하게 살았습니다"라는 명제의 상징으로 생각한다. 그도 그럴 것이 신데렐라는 불우한 환경을 이겨내고 사회 상류 계층으로 진입한 여성임에는 분명하기 때문이다.

하지만 원작 동화 신데렐라는 잔혹하기 그지없다. 연회장에 버려진 신발을 들고, 왕자가 여인을 찾는다는 소문이 돌자 신데렐라의 자매들은 그 신발에 자신의 발을 맞추고자 전전긍긍한다. 디즈니 만화영화 속에서 이 장면은 자매들의 발에는 맞지 않았습니다, 라고 간단히 묘사되지만 실제 동화 속에서는 발가락과 발꿈치가 잘려나가는 잔혹한 장면으로 서술되어 있다.

디즈니 만화영화들은 아름다운 미인과 미녀 그리고 영원한 사랑의 결과물인 결혼을 전경화한다. 「슈렉」은 디즈니 만화영화가 공공연히 제시하는 정치적 보수성, 가족 이데올로기의 허점을 비꼬는 작품이다. 「슈렉」은 디즈니사의 만화영화들이 보여주는 정상 가족에 대한 케케묵은 이데올로기를 부정한다. 「슈렉」을 통해 멋진 남자를 기다리는 공주는 내숭덩어리로 격하되고 미남, 미녀의 결합은 괴물 주인공으로 인해 부정된다. 디즈니 만화영화들은 결혼으로 귀결되는 연애를 정답으로 제시한다. 아름다운 결혼에는 동성애자도 가난한 자들도 끼어들 틈이 없다.

그런데, 사실 우리가 알고 있는 전래동화나 민담은 17세기 프랑스의 동화 작가 샤를 페로가 정리해놓은 것들이라고 할 수 있다. 샤를 페로는 당시 육아용으로 떠돌던 민담을 모아 동화책으로 엮었는데 이 과정에서 상당 부분 남성 중심적 시각과 이데올로기가 반영되었다.

가령, 「신데렐라」의 원래 이야기만 해도 아버지의 친딸인 신데렐라가 계모와 이복 자매들에게 빼앗겼던 재산을 되찾는 내용이었다. 신데렐라는 현재 우리가 알고 있는 동화 속 주인공처럼 착하기만 한 여성이 아니었다. 샤를 페로는 신데렐라의 권선징악적인 이야기를 왕자를 통한 구원의 이야기로 바꿔서 신데렐라를 순종적이고 소극적인 인물로 변형한다. 샤를 페로의 동화에서 남자 주인공들은 대개 재치 있고 영리하게, 여자 주인공은 착하지만 아름답게 형상화된다. 교육적 관점을 내세우며 샤를 페로가 재해석한 것이다.

그런 점에서 현재 우리가 알고 있는 동화, 민담들은 대개 원본이 아닌, 17세기 이데올로기를 반영해 재변형된 작품이라고 할 수 있다. 금기와 위반, 그것의 극복이 주는 효과는 오히려 원본인 민담 속에 잘 살아남아 있기도 하다.

판타지의 상상과 동화적 상상의 차이는? | 「반지의 제왕The Lord of The Rings」, '해리 포터' 시리즈, 「나니아 연대기The Chronicles of Nania」의 공통점은 무엇일까? 우선, 이 영화들은 모두 흥행에 성공한 블록버스터 대작이다. 두번째, 이 작품들은 모두 원작 소설을 지니고 있다. 세번째, 이 영화들은 우리가 "환상 영화", "판타지"라고 부르는 장르물들이다. 2000년대 이후 전 세계 영화 시장에서 가장 위력적인 장르

로 부상하게 된 항목이 바로 판타지이다. 그렇다면, 판타지 영화란 무엇이며, 왜 그토록 동시대인들은 환상 영화에 호응하는 것일까? 한편 판타지 영화들이 현대 사회에 시사하는 바는 무엇일까? 이 질문들에 대한 대답을 찾아가보자.

일반적으로 판타지 영화는 "실재하지 않는 것으로 생각되는 세계"를 그린 영화이다. 이는 한편 우리가 눈으로 보지 못하고 알지 못하는 세계를 공상과 상상으로 만들어냈다는 뜻이기도 한다. 2001년 이후 2003년까지 매년 한 작품씩 개봉했던 피터 잭슨 감독의 「반지의 제왕」 시리즈는 판타지 영화란 무엇인지 잘 보여주는 예시라고 할 수 있다. 「반지의 제왕」은 실재하지 않는 환상적 공간 속에서 일어나는 전투 상황을 그려낸 작품이다. 이는 마법학교에 입학한 소년 마법사들의 모험담인 「해리 포터」* 역시 마찬가지이다. 판타지 영화는 그 세계가 실재할 가능성이 없다는 것을 합의한 상태에서 즐기는 무한한 상상력의 유희인 셈이다.

그렇다면, 실재하지 않는 모든 환상의 세계가 다 판타지 영화에 속할까? 이러한 질문에는 대답이

■ 조앤 K. 롤링이 쓴 동명소설을 원작으로 하여 2001년 '해리 포터 시리즈'의 첫 영화가 개봉된 후 2011년까지 총 여덟 편의 영화가 제작됨.

달라진다. 이를테면, 「반지의 제왕」은 '반지'라는 물질이 촉매하는 욕망의 덧없음을 주제로 전개되는 모험담이다. 호빗족, 사우론, 요정과 같은 개념들은 모두 비현실적이지만 그들이 견지하는 태도나 그들의 욕망이 불러일으키는 혼돈은 매우 현실적이다. 영화 속 인상적 캐릭터인 '골룸'은 이를 잘 보여준다. 반지를 갖고 싶어 하는 마음과 그것을 멀리하고 싶은 청렴한 마음을 같이 지닌 골룸은 이율배반적 욕망으로 인해 갈등하는 인간의 보편적 심리를 대변해준다.

판타지 영화는 단순히 환상적 세계를 보여줄 뿐만 아니라 그것을 통해 인간 심리의 심오한 진리나 인간 사회의 복잡다단함을 제시해줄 수 있어야 한다. 이는 유명한 판타지 소설인 『반지의 제왕』이나 『나니아 연대기』가 공교롭게도 모두 제2차 세계대전 중에 완성된 작품이라는 데서도 드러난다.

자신의 힘을 독재적 지배력으로 확장하려는 사우론의 야심은 2차대전을 일으킨 역사적 주체들을 겨냥한다고 할 수 있다. 이러한 면모는 「나니아 연대기」*에서도 발견된다. 2차대전 중 전쟁을 피해 시골로 간 네 명의 형제, 자매들은 옷장 너머에 존재하는 환상 세계에 들어가게 된다. 흥미로운 점은 그 환상 세계조차도 현실처럼 전쟁의 공포에 휩싸여 있다는 점이다. 아이들은 지

■ C. S. 루이스의 동명소설을 원작으로 제작된 영화로 2005년 1편이 개봉된 후 2008년 2편, 2010년 3편이 개봉됨.

혜와 용기, 평화에 대한 사랑으로 혼란한 왕국에 평정을 가져오는 데 성공한다. 세계대전이라는 공포스러운 현실을 환상을 통해 간접화하고 극복해 나가는 것이다.

환상 영화나 소설이 현대 사회에 있어 유력한 대중 영화 장르로 부각된 데에는 사이버 문화의 확산도 큰 영향을 미쳤다고 할 수 있다. 플라톤이 규정한 이데아Idea는 '개념으로 이루어진 완전한 세계'라는 뜻을 내포하고 있다. 그런 점에서 사이버 공간은 이데아적 세계이기도 하다. 사이버 공간은 우리가 암묵적으로 합의할 때 만질 수는 없으나 존재하는 세계이다. 인터넷 통장의 계좌에 남아 있는 돈은 주머니 속 지폐나 동전과 달리 약속된 숫자에 불과하다. 하지만 현대인들은 물물의 교환이 아니라 상징(화폐)의 교환을 신뢰한다. 그리고 이 허상을 쉽게 수긍한다.

대부분 게임들은 환상 소설이나 영화와 같은 서사적 줄거리를 통해 진행된다. 가상의 세계가 존재하고 그곳에는 전쟁이 벌어지며 게임 속 주인공이 된 플레이어는 사건들을 해결해나간다. 그곳은 실재하지 않는 개념적 공간이지만 플레이어들은 그것을 마치 사실인 양 즐기고 유추한다.

사이버 문화에 대한 감수성이 일반화되면서 환상 문학, 환상 영화, 환상 게임의 수요가 늘고 있다. 이는 과거 환상 문학의 유산들이 현실에 대한 각성이나 반성에서 유추되었던 것과는 또 다른 현상이다. 대중문화 속에서 환상은 현실의 문제를 해결하기 위해서라기보다 도피하기 위해 제공된다. 최근 유행하는 환상 영화 속에는 이렇듯 사이버 문화에 경도된 동시대의 정서적 곤란이 간접적으로 개입되어 있다. 이렇듯 동시대에 유력한 대중 매체로 떠오른 장르들은 당대의 무의식을 내포하고 반영하고 있다. 왜 환상 영화일까? 다시 질문을 던져본다.

생각, 부수고 비틀기

- 플라톤의 이데아가 무엇인지 찾아보고, 자신의 예시를 작성해본다. 이를테면, 숫자는 개념일지 실재일지 생각해보고 논리적 추론을 작성해본다.

- 왜 전래 동화들은 금기의 제시로 시작하는 것일까? 「헨젤과 그레텔」은 부모로부터 떨어지고 싶어 하지 않는 아이들을 위한 동화라고 이야기되기도 한다. 그 이유가 무엇일지 생각하고 토론해보자.

- 디즈니식 동화가 아이들의 가치관 형성에 어떤 역할을 할지, 혹은 별 영향이 없는 것인지에 대해서 논증하는 글을 써보자.

16

성장

성장 영화란 무엇일까? | '성장 영화'란 무엇일까? '성장' 이라는 장르 명은 우선 '성장 소설'이라는 문학 용어와 관련이 있다. 성장 소설은 교양 소설이라고도 불리는데, 한 아이가 자라나 기존 사회의 관습을 알게 되고 자아 정체성을 확립해가는 과정을 그린 작품들이다. 성장 영화 역시 유사하다. 대개 성장 영화는 십대 청소년들을 주인공으로 삼는다. 혹은 십대 청소년과 다를 바 없이 겉모습만 어른인 인물을 등장시킨다. 그들은 이런저런 과정을 통해 자신을 찾아가고 자신이 놓인 입지를 확인한다. 그렇다면 '성장 영화'의 계보에 속하는 작품들은 어떤 것이 있으며 왜 많은 작품들은 '성장'에 주목하는 것일까?

「스탠 바이 미 Stand By Me」(롭 라이너, 1986), 「죽은 시인의 사회 Dead Poets Society」(피터 위어, 1989), 「빌리 엘리어트 Billy Elliot」(스티븐 달드리, 2000), 「발레교습소」(변영주, 2004), 「페임 Fame」(케빈 탄차로엔, 2009). 지금 열거한 이 작품들의 공통점은 무엇일까? 우선 이 작품들에는 아직 성인으로 인증되지 못한 아이들이 등장한다. 키도 몸무게도 어른과 다를 바 없지만 여전히 아이 취급을 받는 자들, 그들은 바로 청소년이다. 두번째, 이 영화들에 등장하는 아이들은 앞으로 자신이 무엇이 될지 그리고 어떻게 살아가야 하는 것인지 고민한다. 세번째, 아이들은 결국 호된 아픔과 통증을 겪고 '자기 자신'을 찾아낸다.

열거한 작품들은 모두 성장 영화라고 부를 법한 작품들이다. 그렇다면 '성장 영화'는 무엇인가? 성장 소설은 교양 소설이라고도 불리는데, 한 아이가 자라나 기존 사회의 관습을 알게 되고 자아 정체성을 확립해가는 과정을 그린 작품들이다. 성장 영화가 '입사 영화 initiation film'라고 불리기도 하는 이유이다. 부모와 채 분리되지 않은 채, 부속물처럼 살아오던 아이들이 자신의 주관과 의지로 세계를 선택한다. 선택한 세계와 대면하는 과정, 그것을 그려낸 작품들이 바로 성장 영화이다.

변영주 감독의 「발레교습소」는 고등학생에서
벗어나 대학생이 될 소년을 주인공으로 삼고 있다.
엄마를 일찍 잃은 주인공은 여전히 아버지와의 갈
등에서 자유롭지 못하다. 그런가 하면 「죽은 시인
의 사회」는 좀더 확장된 갈등과 문제의식을 제시
한다. 자유와 즐거움을 설파하는 선생님을 통해
새로운 세계관을 접촉하게 된 아이들은 격렬하게
자신만의 세계를 만들어간다. 한편, 「빌리 엘리어

트」의 소년 빌리는 보수적이며 남성 중심적인 탄광촌에서 편
견을 딛고 훌륭한 발레리노로 성장한다. 성장 영화 속 주인
공들은 육체적, 정신적으로 성장할 뿐만 아니라 진정한 자기
자신, 즉 정체성을 찾게 된다.

흥미로운 것은 '성장'이 행복한 통과 제의만은 아니라
는 사실이다. 때때로 '성장'은 고통이나 환멸이라는 단어를
동반하기도 한다. 더 이상 자라지 않는 기괴한 아이가 등장
하는 「양철북Die Blechtrommel」(폴커 슐런도르프, 1979)이나
어른들의 세계에서 나쁜 것부터 배우게 된 「개 같은 내 인생
Mitt Liv Som Hund」(라세 할스트룀, 1985)의 소년들이 그렇다.
성장을 한다는 것은 아름답고 화해롭던 순수한 동심의 세계

와 결별하고 경쟁과 시기, 협잡과 음모가 난무하는 세계로 들어가는 것이기도 하기 때문이다. 많은 성장 영화들이 아이에서 어른으로 성장해 사회의 일원으로 자리 잡는 과정의 고통과 상처에 주목하는 것도 이 때문이다.

테오도로스 앙겔로플로스 감독의 「안개 속의 풍경Topio Stin Omichli」(1988)이나 길예르모 델 토로 감독의 「판의 미로El Laberinto Del Fauno」(2006)에서 성장은 아픈 상처로 조형되고 있다. 판타지 영화의 형식을 빌리고 있는 「판의 미로」는 이러한 면모를 잘 보여준다. 자신을 희생해 다른 세계를 구하는 열한 살 소녀는 순간순간 아이로서는 해결하기 어려운 과제들과 마주친다. 맛있는 산해진미가 가득한 식탁을 못 본 척해야 하고, 무서운 괴물 앞에서 당당하기도 해야 한다.

소녀가 환상 속에서 겪는 고통스러운 입사식은 스페인 내전으로 혼란스러운 현실에서도 중첩된다. 병중인 어머니와 가혹한 군사 정권은 소녀가 자신의 힘으로 감당할 수 없는 현실로 다가온다. 소녀의 환상은 현실에 비례해 더욱더 참혹해진다. 끔찍하기 이를 데 없는 전래 동화의 원본처럼 「판의 미로」에 그려진 현실은 아프고 힘겹다.

자아 정체성의 확보, 순수한 세계와의 결별, 아픔과 상처. 성장 영화 속에서 다뤄지고 있는 성장의 세부 사항들은 모두 그만큼 한 아이가 어른으로 성장하는 것이 힘겹다는 것을 보여준다. 사회의 가르침과 자기 단속 속에서 아이는 고치를 벗고 어른으로 자라난다.

모든 아이들은 성장한다 | 제이슨 라이트먼 감독의 작품 「주노Juno」(2007)의 주인공 주노 역시 마찬가지이다. 슬래셔 무비와 하드 코어 락 음악을 즐기는, 조금은 독특한 소녀 주노, 그런데 그녀가 사고를 친다. 부모님을 모셔두고 고백할 것이 있다고 말하자, 부모가 묻는다. "마약이나 퇴학 문제니?" 주노는 고개를 흔든다. 그런데, 어쩌면 주노가 저지른 일은 마약이나 퇴학보다 더 심각한 문제일 수도 있다. 고등학생인 주노가 임신을 했으니 말이다.

영화는 얼떨결에 임신을 해버린 소녀, '주노'를 따라간다. 주목해야 할 것은 임신한 여고생, 주노가 평범한 아이가 아니라는 사실이다. 그녀의 특별함은 임신을 했던 그 순간 그러니까 남자 친구에게 섹스를 요구한 첫 순간에서부터 시작된다. 주노는 낙태를 고민하지만 생각을 바꿔 입양을 보내기로 선택한다. "행복한 가정 설명서" 표본이란 게 있다면 거기 실릴 법한 한 부부를 선택해서 자신의 아이를 위탁하겠노라 결정한 것이다.

「주노」는 104퍼센트 특별한 작품이다. 고등학생의 임신과 출산에 대해 윤리적인 태도로 경고하거나 훈계하지 않고 주노가 마주칠 수 있는 여러 가지 상황들을 제시할 뿐이다. 주노는 섹스하고 아이까지 낳은 후, 남자 친구와 사랑을 시작한다. 아이를 가졌음에도 꿋꿋하게 학교를 다니는 모습도 만만치 않다. 열여섯 소녀 주노는 임신을 자신을 발견하기 위한 조금 다른 과정쯤으로 생각한다. 주노는 사회적 편견이나 도덕이 아닌 자신의 판단과 사고에 의해 현재를 받아들이고 미래를 결정한다. 「주노」가 괜찮은 드라마이면서 한편 훌륭한 성장 영화가 될 수 있는 까닭이, 여기에 있다.

제임스 조이스의 단편 소설 「애러비」의 주인공인 소년이 애러비에 가서 환멸을 느끼듯이 성장은 환상으로 꿈꿔 왔던 순간의 파괴이기도 하다. 성장을 한다는 것은 아름답고 화해롭던 순수한 동

심의 세계와 결별하고 경쟁과 시기, 협잡과 음모가 난무하는 세계로 들어가는 것이기도 하다. 입사는 새로운 세계로의 이행을 가능케 하지만 동화적 세계와의 결별도 동반한다. 많은 성장 영화들이 아이에서 어른으로 성장해 사회의 일원으로 자리 잡는 과정의 고통과 상처에 주목하는 것도 이 때문이다.

하지만 아이들은 이 공포를 이겨내고 어른이 된다. 성장 영화 속 주인공들이 대부분 고통스러운 과도기를 지나 달라진 자아를 발견하듯이 말이다.

성장은 드라마틱한 변화이다. 드라마 속에 고통과 성공, 환희와 좌절이 있듯이 한 인간의 성장에는 우여곡절이 있다. 자아 정체성의 확보, 순수한 세계와의 결별, 아픔과 상처. '성장 영화'의 세부 사항들은 한 아이가 어른으로 성장하는 것이 그만큼 힘겹다는 것을 보여준다. 사회의 가르침과 자기 단속 속에서 아이는 고치를 벗고 어른으로 자라난다. 아이는 아무리 눌러도 자란다. 일본의 소설가 사카구치 안고의 말이다. 성장 영화 속에는 인간의 드라마에 대한 인류의 오래된 조언이 숨어 있는 셈이다.

성장하고 싶지 않은 어른-아이 | "모든 아이들은 자란다."
제임스 매슈 배리의 소설 『피터 팬』은 이렇게 시작한다. 알
다시피, 『피터 팬』은 영원히 자라지 않는 소년이 등장하는
이야기이다. 영원히 자라지 않겠다는 이 소년의 매력은 수많
은 연극과 영화의 원본이 되어 주었다. 「피터 팬Peter Pan」(해
밀턴 러스크 외, 1953), 「후크Hook」(스티브 스필버그, 1991),
「네버랜드를 찾아서Finding Neverland」(마크 포스터, 2004) 등
등은 모두 피터 팬에 관한 영화 작품들이다.

　　「피터 팬」은 1904년 크리스마스 시즌에 연극으로 처음
대중에게 선을 보였다. 최초의 와이어 액션이랄 수 있을, 줄
을 달고 무대 위를 나는 피터 팬의 모습이나 아이들에게는
모험을 그리고 어른에게는 동심을 되돌려주는 이 연극은 기
록적 흥행을 거뒀다. 이후 원작자 배리는 「피터 팬」의 전사
(前史)라고 할 수 있을 「켄싱턴 공원의 피터 팬」과 「피터와
웬디」라는 소설을 써내게 된다. 초록색 고깔모자를 쓰고, 아
이들이 만들어놓은 꿈의 세계를 활공하는 소년, 피터 팬은
이렇게 시작되었다.

　　대중에게 각인되어 있는 피터 팬의 이미지는 디즈니
애니메이션 속에 묘사된 피터 팬의 모습이라고 할 수 있다.
초록색 모자와 반바지, 반팔 차림의 활기찬 소년 요정의 이

미지 말이다. 그런데, 원작을 읽어보면 피터 팬은 단순히 용기 있고 모험을 즐기는 소년이 아니라는 것을 알 수 있다. 원작 속 피터 팬은 정의롭다기보다는 장난꾸러기이고, 죽음을 일종의 장난으로 여기는 매정한 아이이다.

그런데 엄밀히 말해, 아이들은 순수하고 맑기도 하지만 그래서 더욱 매정하기도 하다. 곤충이나 병아리로 장난을 치는 아이들의 심리에는 사악함보다는 세상은 무조건 장난의 대상으로 여기는 무지한 매정함이 놓여 있다. 그런 점에서 피터 팬은 아이들의 모습을 꼭 닮아 있다. 어른이 '보는' 이상적 아이의 모습이 아니라 진짜 유년기, 아이들의 면모가 투영되어 있는 것이다.

이쯤에서 궁금해지는 것은, 그렇다면 왜 원작자 배리가 자라지 않는 소년의 이야기에 관심을 가졌을까 하는 사실이다. 여기에는 배리의 비극적 어린 시절과 그때 입은 상처가 자리하고 있다. 10남매 중 아홉번째로 큰 배리에게는 데이비드라는 형이 있었는데, 엄마가 무척 아꼈던 형은 열네살 때 불의의 사고로 세상을 뜨고 만다. 이 사건으로 엄마는 만성적 우울증에 빠졌고, 배리는 자신이 그 빈자리를 채워줄 수 없다는 사실에 큰 상처를 입었다고 한다.

소설이나 연극, 영화 속에 그려진 "네버랜드"는 죽음

의 세계와 닮은 구석이 많다. 어쩌면 영원히 자라지 않는 아이는 영혼이 된, 죽은 아이들일지도 모른다. 변하지 않는 사람은 죽은 사람이라는 철학자들의 말처럼 네버랜드는 성장도 없지만 삶도 없는 공간이다. 이야기를 기억하지 못하는 피터 팬의 건망증은, 결국 성장이라는 것이 어제를 과거로 쌓아가며 자신의 이야기를 만들어가는 것이라는 것을 알게 해준다.

이렇게 복잡한 사연과 배경이 있음에도 불구하고, 아이들은, 소년들은 피터 팬 이야기에서 모험담을 기억한다. 잃어버린 어린 시절에 대한 안타까움과 우수는 영화를 보는 동반자, 어른들의 몫이다. '피터 팬'이라는 이름만큼이나 '후크'가 유명한 까닭도 이와 연관되어 있다. 후크야말로 피터 팬의 모험을 박진감 넘치게 만들어주는 생생한 적이기 때문이다.

「피터 팬」과 같은 소설이나 이야기를 보게 되면 조앤 롤링이 써서 전 세계적인 아이콘이 된 '해리 포터 시리즈'와 같은 작품이 우연히 탄생한 이야기가 아님을 보게 된다. 100여 년 전에 만들어진 피터 팬 이야기 속에 2010년의 아이들이 즐길 만한 모험과 상처, 성장의 모티프들이 고스란히 담겨 있으니 말이다.

모든 아이들은 자란다. 원작자의 말대로 아이들은 자랄 수밖에 없다. 하지만 어른이 된 우리에게도 한때의 어린 시절, 꿈속에서 자연스럽게 날아다니고 네버랜드를 찾아가던 그 시절이 있었던 것도 사실이다. 잃어버린 동심을 모험과 순수의 공간으로 그려낸 「피터 팬」은 그런 점에서 우리 시대의 고전이 될 만한 작품이라고 할 수 있다.

생각, 부수고 비틀기

- 많은 아동 영화들이 판타지 형식을 띠고 있다. 그리고 현실에서 환상으로 이동하는 데에는 일종의 공식이 있기도 하다. 어떤 공식들이 있으며 또 왜 그러한 공식들이 생겨나는지에 대해서 생각해보자.
- 성장을 그리는 영화들은 대부분 상처와 고통, 아픔을 함께 그려나간다. 성장에 있어서 통증은 어떤 것일지에 대해 생각해본다.
- 동심과 환상의 공통점과 차이점에 대해서 생각해보자.

17

신화와
만화

만화적 상상과 영화 ㅣ 성수기 극장가에 개봉하는 영화들 중 많은 수가 만화를 원작으로 삼고 있다. 김아중이 주연을 해서 만만치 않은 흥행 성적을 거뒀던 「미녀는 괴로워」(김용화, 2006)도 만화가 원작이고 2008년 개봉한 블록버스터 영화인 「원티드Wanted」(티무르 베크맘베토브)도 만화를 원작으로 삼고 있다. 사람들은 흔히 어떤 상황이나 이야기 전개를 두고 '만화적'이라고 말한다. 그렇다면, 만화적 설정이라는 것은 어떤 것일까? 그리고 왜 요즘 들어 부쩍 많은 영화들이 만화를 소재로 삼는 것일까? 그 까닭과 구조에 대해 생각해 보자.

2008년 여름에 개봉하게 된 「원티드」는 미국의 만화, 그래픽 노블을 원작으로 삼고 있다. 그래픽 노블은 빛과 어둠의 대조가 뚜렷한, 강렬한 그림체의 만화들이다. 내용도 형식과 유사하다. 그래픽 노블은 선과 악의 뚜렷한 대립 속에서 악을 처단해가는 남성 캐릭터를 주로 그려낸다. 몇 해 전에 개봉해 강한 남성상을 각인시켰던 「300」이나 「씬 시티」(프랭크 밀러 외, 2005)도 모두 그래픽 노블이 원작이다.

다른 만화 원작으로는 「슈퍼맨」 「배트맨」*처럼 영웅을 다룬 D.C 코믹스 작품과 「판타스틱 4」(팀 스토리, 2007)나 「X맨」(2001, 브라이언 싱어)처럼 유전자 변이 영웅들의 활약상을 그리는 마블 코믹스 작품들도 있다. 이러한 작품들에 등장하는 영웅들은 유전자 변이나 선천적 능력으로 인해 평범한 사람들과는 다른 삶을 살아간다.

대강의 상황에서 눈치챌 수 있다시피, 만화 원작 영화는 단순한 주제와 이야기 구조를 지니고 있다. 주인공들이 모두 격한 감정이나 심각한 위기 상황에 놓여 있고 이야기는 대부분 그들이 승리하는 것으로 끝난다. 만화를 원작으로 한 영화들은 환

■ 1938년 미국의 만화 전문지 『액션 코믹스』에 '슈퍼맨'이 처음 등장한 이래 1941년 극장용 만화영화가, 1948년 15부작 영화가 히트를 치며 오늘날까지도 인기를 얻고 있다. 「배트맨」은 1939년 5월 D.C. 코믹스의 연재로 시작해 TV 드라마와 영화로 수없이 제작되며 만화를 원작으로 한 영화 제작의 붐을 일으켰다.

상이나 공상을 극대화한다. 영화가 사람이 연기해 실제처럼 보여야 하는 사실성의 매체인 데 비해, 만화는 사실성으로부터 비교적 자유롭기 때문이다. 우리가 만화적 상황이라고 말하는 것은 우선 이런 경우를 지칭할 때가 많다. 비현실적이거나 공상적이라는 뜻에서 말이다.

홍미로운 것은 과거 원작 개념이 주로 소설이었던 데 비해 점점 만화 원작 영화가 많아진다는 사실이다. 이는 블록버스터, 그러니까 대량의 제작비가 동원되는 대형 영화들의 수적 성장과 관련이 깊다. 최초의 블록버스터 영화로는 스티븐 스필버그가 감독한 「조스Jaws」(1975)가 손꼽힌다. 「조스」는 최초로 미국의 여러 개 영화관에서 동시 상영되었으며 엄청난 관객들을 끌어모았다. 이러한 현상들은 그 이후 미국 상업 영화의 관례로 받아들여지고 있다.

매년 여름과 겨울, 성수기로 일컬어지는 시기에는 전국의 몇백 개 영화관에서 동시 상영되는 블록버스터 영화가 개봉된다. 블록버스터 영화는 작품을 보는 개인의 사적인 기억이나 취향보다는 보편화된 오락을 추구한다. 영화는 시각예술이기에 보편화된 오락성은 주로 시각적 효과에서 발견된다. 블록버스터 영화를 소개할 때 차량 추격 신이나 새로운 액션 장면이 주요한 요소가 되는 까닭도 여기에 있다.

소설이나 희곡이 인간의 삶에 대해 복잡하고 섬세한 감식안을 필요로 하는 데 비해 만화는 극적 상황과 상상력을 자극한다. 시각적 효과라는 블록버스터 영화의 필요와 상상력이라는 만화적 특성이 현재의 작품들을 양산해낸 것이다. 최근에 개봉하고 있는 만화 원작 블록버스터들은 이를 증명하듯이 조금 더 자극적인 소재와 새로운 특수 효과에 치우치고 있다. 중요한 것은 이러한 과정에서 이야기의 인과관계, 즉 개연성은 점차 사라지고 있다는 것이다.

그런 점에서 「식객」(전윤수, 2007)이나 「타짜」(최동훈, 2006)와 같은 우리나라 만화 원작 영화를 살펴볼 필요도 있다. 주로 한국에서 영화화되는 만화 원작들은 독특한 소재를 전문가적으로 파헤치는 경우가 많다. 「식객」은 요리의 세계 그리고 「타짜」는 도박의 세계를 깊숙이 파고들어 평범한 일반인이 모르는 세계를 구체화해주었다. 만화 원작 영화들은 관객들의 호기심을 자극하고 또 채워준다.

한국의 만화 원작 영화들 역시도 뚜렷한 선악의 대립 위에서 이야기를 전개해나간다. 대부분 이러한 영화들은 극심한 대립과 갈등을 드러내다가 사필귀정으로 귀결된다. 그

런 점에서 만화 원작 영화들은 관객들에게 윤리적 갈등을 주지 않는다. 옳은 일을 했으나 배신당할 수밖에 없고 착하게 살았지만 보상받지 못하는 아이러니를 배제하기 때문이다.

사회가 점점 복잡해질수록 사람들은 단순한 이야기 구조를 선호한다. 강렬한 캐릭터와 단순한 이야기를 바탕으로 한 만화가 영화의 원작으로 자주 수배되는 이유도 이 때문일 것이다. 만화에는 사람들이 견디기 힘들어하는 삶의 복잡성을 단순화하는 힘이 있다. 사회가 복잡다단해질수록 만화 원작 영화는 많아질 것으로 예상된다.

신화적 상상력과 영화적 재현 ┃ 그리스 로마 신화는 서구 인문학적 상상력의 중심이 돼왔다. 워낙 오래된 이야기이기도 하지만, 인간의 성정을 지닌 신의 면모나 다양한 관계가 인간 세상의 희로애락을 함축하고 있기 때문이다. 최근 할리우드는 이 오래된 상상력을 소재로 다양한 블록버스터급 영화를 제작하고 있다.

「타이탄 Clash of the Titans」(루이스 리터리어, 2010)은 페르세우스 신화를 원작으로 각색한 영화이다. 페르세우스 신화는 그리스 로마 신화 중에서 특별히 예술가들에게 사랑받은 에피소드라고 할 수 있다.* 특히 그를 잉태한 어머니 다나에에 관한 일화는 16세기 화가 티치아노부터 20세기 화가 클림트에 이르기까지 여러 예술가의 손에서 재창조되곤 했다.

■ 페르세우스는 빗물로 변한 제우스와 다나에 사이에서 잉태된 아들이다. 외할아버지를 죽일 것이라는 신탁 때문에 버림받았던 그는 그 유명한 페르세우스의 신발과 방패로 위기를 극복하고 이웃 나라 공주 안드로메다의 목숨까지 구하게 된다.

영화 「타이탄」은 이 풍부한 신화 속에서 영웅 페르세우스의 면모를 가져온다. 아쉬운 것은 그 영웅적 모습이 할리우드 블록버스터 속에 등장해왔던 슈퍼히어로와 지나치게 닮았다는 점이다. '데미갓'이라고 불리는, 인간과 신의 혼혈아인 페르세우스는 원작 신화와 달리 다나에가 아닌 아르고스의 왕비에게서 태어난다. 신의 권능에 저항했던 아르고스의 왕은 그로 인해 신들의 분노를 사게 되고 지옥의 왕 하데스는 이 틈을 타 어둠의 세력으로 전 세계를 통치하고자 한다.

이 각색 과정에서 에티오피아의 공주였던 안드로메다는 아르고스의 공주로, 페르세우스의 연인은 같은 데미갓 혈통인 이오로 바뀐다. 신의 자식이지만 신을 거부하는 페르세우스의 모습은 오히려 신화 속 프로메테우스나 시시포스의 모습과 닮았다. 인간에게 불과 지혜를 가져다주기 위해 신에게 저항했던 인간들 말이다.

신화 속에서 볼 수 없었던 몇몇 창조물도 등장한다. 크라켄이나 사막의 전갈, 그리고 정령이라고 불리는 죽지 않는 사자들이다. 이들의 모습은 우리가 이미 영화 「미이라The mummy」(스티븐 소머즈, 1999)나 「반지의 제왕」에서 보았던 사막의 피조물과 유사하다. 신화에 없었으나 창조된 인물들은 '스펙터클'이라고 불리는 영화의 시각적 재미를 위해 만들어졌다.* 페르세우스가 메두사를 만나러 가는 동안의 긴 시간을 이야기가 아닌 시각적 자극으로 채워야 하기 때문이다.

피터 잭슨 감독의 영화 「반지의 제왕」 덕분에 할리우드는 환상적 세계에 대한 훌륭한 참조 사항을 갖게 됐다. 「반지의 제왕」 이후 나온 영화에서 CG(컴퓨터 그래픽)를 이용해 만든 환상의 피조물들이 「반지의 제왕」의 이미지에서 크게 벗어나지 않는 까닭도 이 때문일 것이다. 마녀 혹은 메두사를 만나러 가는 과정의 미술적 묘사도 지금까지의 영화적 표현에서 크게 벗어나지 않는다. 고난의 길로서의 사막이나 바위산의 이미지가 너무나 상투적이라는 뜻이다.

무엇보다 가장 큰 문제는 블록버스터의 볼거

■ 스펙터클spectacle은 아리스토텔레스의 『시학』에서부터 다루어진 개념이다. 영화적으로 스펙터클은 대규모의 장치를 써서 전쟁이나 지진, 폭풍우 등의 장면을 실감나고 장대하게 표현하는 것을 뜻한다. 「해운대」의 해일 장면, 「트랜스포머」의 전투신 등, 영화 속 대규모 볼거리를 의미한다고 보면 된다.

리로 제공된 페르세우스 신화가 원작이 가진 풍부
한 상징적 의미를 훼손하고 있다는 점이다. 눈이
마주친 모든 것을 돌로 만들어버리는 메두사를 거
울에 비춰서 보는 페르세우스의 지혜는 세상의 고
통을 글이나 그림으로 표현하는 예술가의 정신으
로 묘사되곤 했다. 그의 신발 역시도 다양한 상징
성으로 해석되곤 했다.

　　인간과 신의 중간으로서 페루세우스가 겪는
갈등, 그리고 마침내 신의 섭리 안에서 구원받는
영화 「타이탄」의 논리는 자기 정체성을 찾아 떠나는 수많은
미국적 영웅과 닮았다. 세계 정복과 통치를 꿈꾸는 악의 화
신으로 둔갑한 하데스 역시도 그 의미의 중요성을 침범하고
있다. 이러한 문제는 최근 한국에서 유행 중인 고대사 소재
의 역사 드라마에서도 발견되는 것이기도 하다. 때로 고증이
잘못된 역사적 이야기가 대중매체의 영향력 때문에 사실인
양 전달될 수도 있듯이 말이다.

　　할리우드가 신화를 주목하는 것은 신화 속에 다양한
인물형과 드라마가 있기 때문이다. 폭넓은 상상력을 기반으
로 만들어진 신화 속에는 현대 영화의 기술을 통해 환상적으
로 재현할 수 있는 소재가 무궁무진하다. 머릿속으로만 상상

해왔던 신의 이미지를 우리가 직접 눈으로 볼 기회가 되니 말이다. 하지만 각색이 중요한 주제나 상징들을 훼손해서는 안 된다. 이야기가 스펙터클에 종속되어서는 안 된다는 의미에서 말이다. 뛰어난 표현 능력만큼 상징성에 대한 속 깊은 이해도 동반되어야 할 것이다.

생각, 부수고 비틀기

- 소설이나 희곡을 원작으로 한 영화와 만화 원작 영화를 인물의 특성과 행동, 사건의 방식에 따라 구체적으로 비교, 대조해보자.

- 미국 대중 영화는 끊임없이 만화 원작을 찾고 있다. 소설이나 영화와 비교해 만화의 어떤 점이 영화의 원작으로 각광받는지 그 재미의 요소를 짚어보자.

- 그리스 로마 신화 가운데서 어떤 이야기가 가장 기억에 남는지, 이유는 무엇인지 서술해보자.

18

험악해진
세상과
스릴러

패션 코드로서의 스릴러 |　　인류가 두 사람 이상 모여 사회를 이루고 산 이후로 '살인'은 언제나 심각한 범죄로 존재해 왔다. 그렇다면 영화는 왜 살인을 다루는 것일까? 사람들은 왜 범죄 소설이나 영화를 보는 것일까? 연쇄 살인과 범죄를 다루는 영화가 우리에게 어떤 위안을 줄까? 범죄를 다룬 스릴러 영화들의 효능과 의미를 살펴보자.

　　봉준호 감독의 「살인의 추억」(2003)은 희대의 연쇄살인 사건을 소재로 삼고 있다. '희대'라는 표현은 실상 여지껏 해결되지 않은 미제 사건이란 것을 우회적으로 나타낸 것인데, 그래서인지, 「살인의 추억」은 '누가' 범인이냐에 끝까지

매달린다. 하지만 범인은 잡히지 않고, 과학적 검증이나 논리보다 감정과 정의가 앞선 형사들은 탈진하고 만다. 봉준호의 「살인의 추억」이 부각하는 것은 정의나 법을 비웃는 폭력의 잔혹함이다. 모든 범죄 소설에서는 범인이 잡히지만 현실의 범인은 곧잘 빠져나간다는 사실, 「살인의 추억」은 바로 그 사실의 공포를 일깨워준 셈이다.

『즐거운 살인』이라는 책을 쓴 에르네스트 만델은 '범죄 소설'이 범죄에 대한 공포를 덜어준다고 설명한다. 실제 상황에서 범죄는 쉽게 소탕되거나 밝혀지지 않는다. 누군가 살인을 한다거나 절도를 한다 해서 범행의 이유와 과정이 '소설'처럼 명백히 드러날 수는 없다는 뜻이다. 하지만 만델의 말처럼 소설에서만큼은 범행 이유와 범죄자의 정체가 명백히 밝혀진다. 뒤팽이나 홈스 같은 탐정들이 말끔한 턱시도 차림으로 나타나 미스테리 속의 범죄들을 명명백백히 규명해낸다. 범죄 소설 속에서 해결되지 않는 범죄란 없다.

그런 점에서 범죄 소설이야말로 가장 통속적인 문학 중 하나라고 할 수 있다. 대개 범죄 소설들이 일정한 서사 유형을 갖고 있는 것도 이 때문이다. 사건이 발생하고 혼란에 빠지지만 유능한 탐정이 모든 것을 해결한다. 이것이 바로 전통적인 범죄 소설의 유형이다. 범죄 소설은 세상의 범죄가 해결 가능한 미스테리라는 환상을 준다. 소설은 마치 모든 범죄는 밝혀지고 모든 범인들은 잡힐 것 같은 느낌을 준다는 뜻이다. 범죄 소설이 가장 먼저 대중 문학으로 자리 잡아 가장 오래 연명하고 있는 까닭도 여기에 있다. 산업화된 도시 생활의 긴장과 억압을 풀어주는 데 범죄 소설이야말로 제격이었다.

살인을 다룬 스릴러 영화도 대부분 탐정 소설과 같은 서사를 채택한다. 흥미로운 것은 최근의 영화들이 이 같은 전통적 서사를 위배하고 있다는 사실이다. 「살인의 추억」과 여러모로 비슷한 데이비드 핀처 감독의 「조디악 Zodiac」(2007)도 그렇다. 「살인의 추억」처럼 「조디악」은 연쇄 살인사건을 다루고 있다. 중요한 사실은 '조디악' 역시 영원히 해결되지 않은, 미제 사건을 조감하고 있다는 점이다. 「조디악」은 범죄는 있으나 범인을 잡을 수 없는 막막함을 보여준다. 연쇄 살인범은 마치 게임처럼 범죄를 거듭하지만 사람들은 속수무책일 따름이다.

어떤 점에서 사람들이 진짜 원하는 것은 진

범이 아니라 범인이 잡혔다는 사실 자체일 것이다. 그런 점에서 범인은 잡혀야 하고 미스테리는 해결되어야만 한다. 누군가 범인으로 검거되었을 때, 진짜 범인인지의 진위 여부에 관계없이 사람들은 안심한다. 때문에 누구든 '범인'이 되어야만 하는 것이다.

「미스터 브룩스Mr. Brooks」(브루스 에반스, 2007)는 바로 이 점에 주목하고 있다. 「미스터 브룩스」는 누가 범인이지를 처음부터 밝힌 상태에서 이야기를 진행한다. 그러니까 이 영화의 질문은 '누구'가 아닌 '왜' 혹은 '어떻게'로 시작하는 것이다.

'올해의 미국인'으로 뽑힐 만큼 사회적으로 성공한 주인공 브룩스는 자신의 충동을 이기지 못해 살인을 저지른다. 놀라운 것은 그의 범죄가 '중독'과 '습관'으로 설명된다는 사실이다. 그의 범죄에는 원한도 이유도 없다. 정작 중요한 문제는 이런 위험한 범죄자들이 평범한 생활인의 모습으로 우리 가운데 섞여 지낸다는 사실이다.

'범인은 잡힌다'는 위안은 이제 더 이상 스릴러 영화에 존재하지 않는다. 그렇다면 이러한 변화가 상징하는 것은 무엇일까? 그것은 아마도 우리 사회가 더 이상 허구적 해답으로 위무될 수 없는 상황임을 암시하는 것이라고 할 수 있다. 현실은 늘 영화보다 더 잔혹하고 이상하지만, 이젠 영화조차 범죄를 해결하지 않는다. 그렇게 영화는 달라진 현실을 반영하고 있다.

누아르, 위험한 여인, 팜므 파탈 | 폭력이 난무하는 갱스터 영화를 누아르 무비라고 부른다. '누아르noir'▪는 프랑스어로 '검다'는 뜻이며 조명의 대조가 심한 배경을 바탕으로 어두운 범죄 세계를 그려낸 공통점을 가지고 있다. 갱스터 영화에는 관습적으로 등장하는 여성 인물이 있는데 이를 일컬어 '팜므 파탈femme fatal'이라고 부른다. '팜므 파탈'은 문자 그대로 위험한 여인 혹은 치명적 여인이다. 하지만 누아르 영화 속 '팜므 파탈'은 제2차 세계대전 및 냉전 시기의 시대상이 반영된 인물이라고 보는 편이 옳다.

영화 언어로서 팜므 파탈은 1940~1950년대 미국 갱스터 누아르 영화에 등장하는 여성형을 지칭한다. 원래 팜므 파탈은 메두사나 델릴라, 유디트

▪ 독일에서 시작된 표현주의 기법의 영향으로 할리우드에서 제작된 1930~1940년대 범죄 영화를 지칭한다. 누아르는 당시 유행하던 하드보일드 탐정 소설을 원작으로 각색하는 데서 시작되었다. 레이먼드 챈들러, 대실 해밋, 토넬 울리히 등의 작품들이었다. 누아르는 강렬한 형식적 특징을 갖고 있다. 팜므파탈이 등장하고 어두운 도심 거리 장면이 많으며 보이스 오버나 플래시백이 자주 사용된다. 과도한 코트라스트와 사선 구도에 대한 애착은 특징이다. 대표적인 작품으로는 빌리 와일더 감독의 「이중 배상double Indemnity」(1944) 존 D 휴스턴 감독의 「말타의 매The Maltese Falcon」(1941)를 들 수 있다.

처럼 역사 속에 등장하는 악녀를 지칭했다. 알려져 있다시피 메두사는 머리카락이 모두 뱀으로 이루어진 마녀이며 델릴라는 미모로 삼손을 유혹해 힘을 뺏은 여자 그리고 유디트는 적장인 홀로페르네스 장군의 목을 벤 인물이다. 이러한 사례들은 우리가 '팜므 파탈'이라고 부르는 여성형이 두 가지 공통점을 지니고 있음을 알게 해준다. 그중 하나는 그들이 미모의 여성이라는 사실이며 다른 하나는 남자의 목숨을 위협한다는 사실이다.

전통적 의미와 달리 영화 역사에서 '팜므 파탈'은 적에게 원하는 것을 얻기 위해 자신을 속이는 여자를 지칭한다고 할 수 있다. 이를테면, 1997년 작품 「LA 컨피덴셜 L.A.Confidential」(커티슨 핸슨)에 등장하는 킴 베이신저가 맡은 역할을 생각하면 될 듯싶다. 이 영화에서 킴 베이신저는 갱스터의 정부임에도 불구하고 경찰에게 접근해 애인이 되고 그를 돕는다. 누아르 영화 속에서 '팜므 파탈'은 자기 자신의 욕망에 희생하는 인물형으로 그려진다. 자신을 속이고 위장 잠입했던 여자들은 적을 진짜로 사랑하게 되어버리고 정체성의 혼란을 겪는다.

흥미로운 것은 이러한 팜므 파탈 여성형이

영화계에서 주목받게 된 시기가 1940~1950년대라는 사실이다. 2차대전 직후, 전쟁터로 간 남자를 대신해 많은 여성들이 사회에 진출하게 되었다. 전쟁이 끝난 후 전장에서 일상으로 돌아왔을 때, 남자들이 일해야 할 곳에 여성들이 자리 잡고 있었다. 아내이자 엄마로만 알고 있던 여성을 최초로 사회적 경쟁자로 받아들여야만 하는 변화가 생긴 것이다.

영화사는 전쟁 이후 넘쳐나는 위험한 여성상들을 새롭게 부상한 우먼 파워의 반증이라고 보고 있다. 거듭된 세계대전 이후 남자들이 느꼈던 위축은 치명적인 여성형 속에 융해되어 드러났다.

한국을 비롯해 최근 영화들을 보면 많은 작품의 주인공이 여성임을 알 수 있다. 2007년 칸 영화제 경쟁작에 오른 22편의 작품들 중 반수가량이 여성 주인공을 다루고 있다는 것도 의미심장하다. 영화 속에 등장하는 여성형에는 역사적 정황과 사회적 의식이 반영되기도 한다.

일례로 「태극기 휘날리며」와 같은 작품에서 이은주가 맡은 영신 역이나 어머니의 역할은 수동적이며 나약한 여성형이다. 하지만 「타짜」의 김혜수나 「텔 미 썸딩」(장윤현, 1999)의 심은하는 자

신이 얻고자 하는 욕망의 대상을 위해 한 치의 망설임이나 동정도 보이지 않는 '팜므 파탈'이라 불린다. 「마녀 유희」「내 이름은 김삼순」「달자의 봄」등 드라마의 제목들도 이러한 분위기의 한편을 반영한다. 동시대 대부분의 드라마들은 직업을 가진 여성들을 주인공을 내세운다.

역사 속에 등장하는 악녀는 바라보는 측면에 따라 여러 가지로 조명될 수 있다. 마녀재판으로 화형당했지만 현재 영웅으로 추대받는 잔 다르크도 그렇고 적장의 목을 벤 유디트도 그렇다. 탐미적 화가 클림트는 「유디트」를 정염의 화신으로 그렸고 젠틸레스키는 그녀를 악녀가 아닌 조국의 영웅으로 그려내고 있다. 요염하지만 치명적인 여성이란 여성에 대한 역사적 시각의 반영인 셈이다.

■ 후더닛whodunit이란 내용과 줄거리가 범죄와 그 해결에 주력하는 유형의 미스터리 영화나 프로그램 소설 등에 대한 속칭. 'Who has done it?'에서 유래된 언어. 또는 괴기물이나 형사물의 별칭으로 쓰이기도 한다. 관객으로 하여금 범죄자의 행각이나 추적자의 행위와 동일감을 갖도록 유도하는 특징이 있다.

범인에 대한 궁금증과 철학적 질문 ┃ 스릴러 영화는 주로 범인이 누구인지를 찾아가는 수사의 구조를 띤다. 스릴러 영화를 후더닛* 영화로 부르기도 하는 까닭도 거의 모든 스릴러 영화가 범인을 색출하는 과정으로 수렴되기 때문이다. 흥미로운 것은, 최근 스릴러 영화 속에서 자기 자신이 범인인지 모른 채 수배하는 경우가 자주 목격된다는 사실이다. 수사의 주체로서 범인을 추적하던 주인공은 어느 순간 그 범인이 자기 자신임을 알게 된다. M. 나이트 샤말란 감독의 「식스 센스The Sixth Sense」(1999), 알레한드로 아메나바르 감독의 「디 아더스The Others」(2001), 박찬욱 감독의 「올드보이」, 송일곤 감독의 「거미숲」(2004), 크리스토퍼 놀란 감독의 「메멘토Memento」(2000)에 이르기까지, 1990년대 이후 영화사에 각인을 남긴 서스펜스 영화는 공교롭게도 모두 자신이 범인임을 자각하는 이야기들이다. 그렇다면 이처럼 스스로를 수배하는 최근 서스펜스 영화의 공통 현상은 그저 우연의 일치일까? 만일 그렇지 않다면, 이 우연의 일치들은 현대 사회의 어떤 점을 반영하고 있는 것일까?

자기가 범인인지도 모르고 그를 추적하는 이야기의 원형은 그리스 비극인 「오이디푸스」에서 기원한다고 할 수 있다. 어머니와 동침하고 아버지를 죽인 패륜아 때문에 테베 전역이 역병에 물들어 쇠망하고 있다는 신탁을 듣게 된 오이디푸스 왕은 그 패륜아를 찾아 없앨 것을 명령한다. 문제

는 수사가 진행될수록 패륜아의 행적이 오이디푸스의 과거와 중첩되어간다는 데에 있다. 테베의 왕인 오이디푸스, 그 자신이 바로 아버지 라이오스를 죽이고 어머니 이오카스테와 동침해 아들이자 동생을 낳은 패륜아였던 것이다.

그런 의미에서 박찬욱 감독의 「올드보이」는 「오이디푸스」의 서사적 궤적을 고스란히 따라가고 있다고 해도 무방하다. 「올드보이」의 주인공 오대수는 자신을 감금하고 그의 가족을 파경에 이르게 한 범인을 찾기 위해 나선다. 그런데 수사의 끝에서 발견하는 것은 저질러서는 안 될 패륜을 저지른 오대수 자신의 모습이다. 크리스토퍼 놀란의 「메멘토」에 등장하는, 단기 기억 상실증에 걸린 사내도 마찬가지이다. 그는 끔찍하게 살해되어버린 아내를 상처로 간직한 채 범인을 찾아 복수할 것을 다짐한다. 단기 기억 상실증에 걸린 그는 기억의 단서들을 몸에 새겨둠으로써 불완전한 기억을 보충하고자 한다. 그런데 영화의 마지막 부분, 그는 결국 아내를 죽인 자가 자신임을 알게 된다. 복수를 다짐했던 살해범이 바로 자기 자신이었던 것이다.

몸에 새겨둔 문자를 믿고 수사를 진행해가는 사내는 문명의 위력을 맹신하는 현대인을 연상케

한다. 「식스센스」[*] 「디 아더즈」[**] 「거미숲」[***]과 같은 현대 추리 영화에서 발견할 수 있는 오이디푸스적 주체들의 형편도 사내와 다르지 않다. 그들은 모두 자신을 이성적 수사의 주체로 상정하고 맹신한다. 중요한 것은 그 지혜로운 자가 결국 스스로 구축한 이성의 틀 앞에서 무너지고 만다는 점이다. 현대 문명의 형편도 이와 다르지 않다. 문명의 발전이 문명의 쇠망을 재촉하는 아이러니가 현대 문명 안에서 충돌하고 있는 셈이다.

오이디푸스는 스핑크스의 간계를 지혜로 이겨내고 왕이 될 정도로 합리적이고 지혜로운 자였다. 그리하여 이성의 주체이자 권력의 핵심이었던 오이디푸스 왕의 자멸이 이성과 질서로 지탱되는 현대 문명의 자책수를 상징하는 것으로 받아들여지는 것도 이 때문이다.

결국, 자신이 수배한 범인을 거울 앞에서 발견하게 되는 최근 서스펜스 영화는 이성과 과학으로 이루어진 현대 문명사회의 형편을 반성적으로 조형하고 있다고 할 수 있다. 주술적 세계를 극복할 수 있었던 인간의 이성이 족쇄가 되어 인간을 얽어맬 수도 있다는 반성적 불안, 그것이 바로 최근

[*] 나이트 샤말란의 장편 데뷔작으로 귀신과 대화를 나누는 소년의 초현실적 상황을 담은 미스테리 영화이다. 결국, 자기 자신이 죽었다는 사실을 알게 되는 반전으로 인해 영화사상 기억되는 마지막 엔딩으로 평가받기도 한다.

[**] 알레한드로 아메나바르의 2001년 작으로 알 수 없는 '소리'에 시달리는 신경과민의 여성의 이야기를 다루고 있다. 마지막 반전이 놀라운 작품이다.

[***] 송일곤 감독의 2004년 작으로 살인사건에 휘말린 한 남성이 범인을 찾아가는 여정을 다루고 있다. 마찬가지로 결말 부분은 기대를 배반하는 반전으로 마무리된다.

후더닛 영화 속에 나타난, 자기 검거 드라마의 본질이다.

생각, 부수고 비틀기

* 그리스 로마 신화는 현대 문명과 인간의 근원적 욕망을 이해할 수 있는 단초를 제공한다. 특히 현대 문명의 득과 실을 설명할 수 있는 그리스 로마 신화에는 어떤 것이 있을지 생각해본다.

* 자멸하는 이성적 주체를 그린 또 다른 영화 목록들을 찾아본다. 과학 만능주의와 합리적 이성에 대한 맹신이 어떻게 결부되고 발전되어왔는지 구체적 작품을 통해 규명해본다.

* 역사적 인물 속에서 어떤 각도로 보았을 때 팜므 파탈로 볼 수 있는 인물을 다른 각도로 재해석해본다. 반대의 경우도 시도해보자.

19

역사와
사실

사실과 해석 |　　　텔레비전 드라마와 영화계는 역사적 사건
과 인물을 소재로 채택하느라 한창이다. 몇몇 귀에 익은 작
품들만 떠올린다 해도, 드라마 「주몽」(2006), 「공주의 남자」
(2011), 영화 「화려한 휴가」(2007), 「이태원 살인사건」
(2009), 「도가니」(2011), 「부러진 화살」(2012) 등등 다양
하다. 드라마와 영화가 창작된 이래로 역사적 인물이나 사건
을 소재로 삼은 작품들은 늘 있어왔지만 최근처럼 집중적으
로 조형된 경우는 드물다. 그렇다면, 역사적 사건이나 인물
을 소재로 제작된 영화와 드라마의 효과와 부작용은 어떤 것
일까? 과연 역사를 소재로 한 영상 제작물들이 역사를 제대
로 이해하는 데 도움을 줄 수 있는 것일까?

2006년 이후 TV 드라마 시청률 순위를 보면 재미있는 현상을 하나 발견할 수 있다. 그것은 바로 역사적 인물을 소재로 한 TV 드라마가 시청률 순위의 상위에 있다는 사실이다. 물론 역사적 사건이나 인물을 소재로 한 TV 드라마, 즉 사극이 인기 순위 상위에 머물렀던 것은 비단 최근의 현상만은 아니다. 중요한 것은 최근 인기를 얻고 있는 사극의 주인공들이 과거 사극의 인물들과 그 면면이 다르다는 점이다.

과거 TV 사극의 주인공은 대개 조선 왕조의 왕이거나 그와 관련된 내명부 여성들이었다. 사도세자, 장희빈, 연산군과 같은 인물들 말이다. 변화는 2004년 제작, 방영된 「불멸의 이순신」에서 비롯된다. 김훈의 『칼의 노래』를 원작으로 삼고 있는 이 작품은 왕조 중심으로 서술되어왔던 사극을 이순신이라는 군신 중심의 역사로 재창조해냈다. 김훈의 원작이 이순신이라는 한 남자의 내면을 끌어냈다면 TV 드라마는 역사에 대한 새로운 접근을 보여준 셈이다.

이러한 맥락에서 얼마 전 인기를 얻은 「주몽」 역시 역사적 인물과 사건을 새로운 서사적 소재로 차용하는 신선한 제안으로 받아들여지고 있다고 할 수 있다. 문제는 역사적 인물과 사건을 서사라는 창조적 이야기 형태로 재구성하는 과정에서 발생한다.

　　역사 드라마 혹은 영화라 할지라도 기록된 실제 인물과 사건을 그릴 때에는 반드시 고증이라는 절차가 필요하다. 유념해야 할 점은, 고증이 곧 역사의 현재적 재해석 혹은 허구적 재창조에 대한 폭력은 아니라는 사실이다. 이미 다양한 분야의 전문가들이 지적한 바대로, 최근 텔레비전 드라마는 역사를 단순히 흥미 위주의 소재로 무분별하게 차용한 혐의가 짙다. 역사가 텔레비전 드라마로 활용되고 있는 까닭이 '흥미진진한 스토리 전개와 화려한 전투신, 인물들의 다양한 갈등' 때문이라는 분석은 이러한 한계를 잘 보여준다.

　　사태의 심각성은 기록된 인물의 이름과 드라마 주인공의 이름이 같다는 이유만으로 보는 이들이 재현된 역사를 모두 사실로 받아들일 수 있기에 증폭된다. 역사적 사실이나 인물을 소재로 한 서사물들이 오히려 역사에 대한 오해와 왜곡을 낳을 수 있다.

　　그런 의미에서 최근 영화계에서 시도되고 있는 현대 역사에 대한 재해석의 노력은 주목할 만하다. 이를테면, 황석영의 소설 『오래된 정원』을 원작으로 각색된 영화 「오래된 정원」은 1980년대를 배경으로 삼고 있다. 독재, 광주, 학생운동과 같은 용어들은 허구적 두 인물의 삶 속에 융해되어

1980년대적 삶을 입체적으로 조형해내는 데 쓰인다. 이러한 재창조의 노력은 이창동 감독의 「박하사탕」(1999)이나 2007년 발표된 김지훈 감독의 「화려한 휴가」와 같은 작품에서도 엿보인다.

요컨대, 역사적 인물과 사건을 드라마나 영화와 같은 현대적 서사로 활용할 때에는 반드시 그것에 대한 나름의 판단과 재해석이 필요하다. 역사적 소재를 다시 대면한다는 것은 역사적 사실에 대해 재해석과 판단을 해본다는 뜻과 같다. 역사가 오래된 미래일 수 있는 까닭은, 그것에 삶의 원리와 이치에 대한 암시가 침전되어 있기 때문이다. 역사를 써먹는 것과 역사에 대한 재창조와 해석은 분명히 구별되어야만 한다. 역사적 사실이 단순히 눈요기를 위한 소재일 수는 없다.

역사적 사건과 현재적 변용 ｜ 「한반도」(강우석, 2006), 「신기전」(김유진, 2008), 「미인도」(전윤수, 2008), 「왕의 남자」(이준익, 2005)의 공통점이 무엇일까? 이 영화들은 모두 대한민국의 역사를 다른 시각에서 재해석한 영화라고 할 수 있다. 이때 '역사'는 실제 있었던 일을 지칭하기도 한다. 우리

가 소위 '팩션faction' ■이라고 말하는 역사적 사건을
소재로 한 허구물들이 바로 이런 영화들이다. 또 하
나의 공통점을 든다면 무엇이 있을까? 그것은 바로
거론한 영화들이 한국 영화 흥행 계보에서 중요한
역할을 한 작품들이라는 사실이다. 한국 영화 흥행에서 중요
한 역할을 한 이 작품들을 통해 몇 가지 주목할 사항들을 살
펴보자.

■ 허구를 뜻하는 Fiction과 사실을
뜻하는 Fact의 합성어로, 역사적 소
재, 실화 사건을 소재로 한 허구물을
가리킨다.

　「미인도」의 줄거리는 이렇다. 신윤복은 유복한 집안의
딸로 태어난다. 아버지 신한평은 도화원의 중심 세력이었는
데 새로 즉위한 정조와 그의 총애를 받는 김홍도로 인해 권
력에서 멀어지게 된다. 아버지는 아들이 자신의
잃어버린 권력을 되찾아주기를 바란다. 문제는 아
들에게는 미술적 재능이 없다는 것이다. 재능은
도화서가 될 수 없는 아이, 딸에게서 발견된다. 이
에 신한평은 딸을 아들처럼 키워낸다. 영화 「미인
도」의 핵심 줄거리는 바로 신윤복이 여자였을 수
도 있다,라는 가설에서 시작한다. 도화원의 도화
서는 남자다, 신윤복은 남자다,라는 역사적 사실
자체에 상상력을 도입한 것이다.

신윤복이 남자가 아닌 여자였을 것이라는 상상은 왕의 사랑을 독차지하기 위한 도화서들 간의 경쟁 구도로 확장된다. 이 구도에는 왕의 총애를 받는 새로운 세력 김홍도 그리고 왕의 총애를 잃게 된 구세력이라는 대결이 자리 잡고 있다. 이러한 설정은 「왕의 남자」에서도 발견된다. 남사당 놀이패들이 왕의 관심을 받는다. 이는 단순히 왕의 취향 문제에 그치지 않고 정쟁의 핵심 주제 중 하나로 변주된다. 결국, 연산군 폐위와 깊숙이 연관된 사건으로까지 확산되는 것이다.

흥미롭게도 한국에서 흥행한 영화들은 '왕' 혹은 '국가'의 문제를 다루고 있다. 「괴물」이나 「신기전」은 국가의 문제를 전면적으로 다루고 있다고 할 수 있다. 「신기전」은 허약

한 국가였던 조선이 자체 개발의 무기를 통해 대국과 맞설 수 있었다, 라는 상상력에서 출발한다. '신기전'이라는 새로운 무기의 발명으로 대국과 상대할 만한 힘을 갖췄다는 것이다. 「신기전」은 이러저러한 기구가 있었다, 라는 역사의 한 구절에서 출발했다. 명나라와 조선의 갈등, 명나라라는 제국에 대항한 구체적 서술은 사실 역사서에는 없다.

중요한 것은 영화 관객들이 한국의 역사를 재해석하는 것에 환호한다는 사실이다. 재해석은

대부분 한국의 저력과 위력을 설파하는 쪽인 경우가 많다. 동북공정과 같은 최근의 세계사적 이슈도 한몫했겠지만 사실상 한국 영화에 있어 민족주의와 국가주의는 깊은 뿌리를 가지고 있다고 말하는 편이 옳다. '국가'라는 개념을 강화하고 우리에게 '국가'란 무엇인가,라는 문제의식을 던지는 쪽의 영화들이 계속해서 관객들의 환대를 받아온 것이다.

한국 영화 최초의 블록버스터 영화라고 할 수 있을 「쉬리」도 '국가'라는 개념에 대해서 이야기하고 있다. 「공동경비구역 JSA」 역시 마찬가지이다. 주목해야 할 것은 역사와 국가라는 개념에 대한 재해석과 상상력이 시대에 따라 다르게 형상화된다는 것일 테다. 최근에 주목받고 있는 역사적 상상력이 실존 인물의 삶에 대한 재해석인 점도 연관해서 살펴볼 필요가 있다.

이를테면 영화 「미인도」는 도화원이라는 국가 제도의 일원이었던 도화서 신윤복이 아니라 인간 신윤복의 욕망과 예술에 대한 갈망에 초점을 맞추고 있다. 사회적 소수자인 '여성'으로서 남성들의 전유물이었던 그림의 세계에 진입했던 모습이 아니라, 여성적 욕망을 숨기고 살아야 했던 개인의 내면에 초점을 맞춘 것이다.

이는 과거 '국가', '제도'와 관련해 역사적 사건을 재해석하고 음모론에 견줘질 만한 새로운 가설을 제시했던 팩션의 경향과 상당히 다르다. 역사는 그것을 기록하는 사관과 해석자의 시선에 의해 달라질 수 있다, 라는 정도가 아니라, 아예 역사 자체를 상상으로 재조립할 수 있는 소재로 생각하고 있기 때문이다. 그러나 한편, 「미인도」나 「바람의 화원」 같은 서사물이 국가에 소속된 화원들의 삶을 그리면서 "신윤복이 여자였더라면"이라는 상상력만을 보여주는 것에 역설적 의미는 없을까? '국가'라는 강력한 힘을 지우고 근거가 희박한 상상력으로 역사적 소재를 사용하는 것 말이다. 역사에 대한 재해석은 역사적 사실의 남용이라는 문제와 섬세하게 구분되어야만 한다.

가해자의 역사와 피해자의 역사 | 2007년 정가형제가 만든 영화 「기담」은 1930년대를 새롭게 재구성했다는 점에서 각광받았다. 그동안 1930년대는 식민지 시대, 서구 열강 및 제국주의에 의한 억압의 시대로만 해석되어 왔다. 영화 「기담」은 1930년대의 정치적, 역사적 기록을 넘어서 그 당시를 살았던 사람들의 이야기로 영화를 채운다. 1930~1940년대는 일본의 제국주의가 극성을 부리던 시기이기도 했지만 한

편으로는 새로운 근대 문물과 문명이 엄청난 속도로 유입되던 시기이기도 하다. 그렇다면 1, 2차 세계대전을 다룬 작품들은 어떤 시각으로 역사를 바라보고 있을까?

스티븐 스필버그 감독의 「쉰들러 리스트Schindler's List」 (1993)는 제2차 세계대전을 시대적 배경으로 삼고 있다. 대대적인 유대인 학살이 자행되던 당시, 쉰들러는 100명의 유대인을 구하게 된다. 스티븐 스필버그가 재현한 2차대전은 끔찍한 학살이 아무렇지 않게 자행되는 폭력과 광기의 공간이다. 스필버그는 그 험난한 전장에도 희망과 관용이 있었음을 영화적으로 제시하고자 한다. 이러한 입장은 로만 폴란스키 감독의 작품 「피아니스트The Pianist」 (2002)에서도 발견된다. 한 유대인 피아니스트가 홀로코스트를 피해 숨어 지낸다. 전쟁의 포화 속에서도 그는 연주에 대한 열정을 잊지 않고 마침내 살아남는다. 끔찍하고 잔혹한 집단 학살보다도 위대한 인간의 힘, 로만 폴란스키는 피아니스트를 통해 인간의 가치를 보여주고자 한다.

할리우드에서 제작된 영화들이 대부분 전쟁 속에서도 남아 있는 휴머니즘에 주목했다면 아시

아 영화의 시각은 다르다고 할 수 있다. 이를테면 장이머우 감독이 연출해서 베니스 영화제 작품상을 받기도 했던 「붉은 수수밭(紅高粱)」(1989)은 이 차이를 잘 보여준다. 「붉은 수수밭」은 중국의 전통주라고 할 수 있는 고량주를 제조하는 도가를 배경으로 전개된다. 중국의 전통을 상징하는 붉은 수수밭에 일본의 힘이 미치고 그 세력으로부터 자유로워지지 못한다. 한 남자와 한 여자의 사랑이야기라고도 할 수 있지만 이 작품에는 중국을 지배했던 일본 제국주의에 대한 분노가 바닥에 자리 잡고 있다.

식민지 시대를 다루는 작품들은 역사적, 정치적으로 다양한 함의를 내포할 수밖에 없다. 최근 1930~1940년대를 배경으로 한 작품들이 정치, 역사에서 벗어나 미시적 삶의 지표들에 관심을 기울이는 것은 그런 점에서 반가운 현상이라고 할 수 있다. 식민지 시절을 겪었던 우리나라의 경우 당시를 미시적 개인의 삶으로 다루기는 힘들었다. 가령, 한국의 최초 여성 비행사를 다루었던 영화 「청연」(윤종찬, 2005)을 둘러싼 논란이 그렇다. 「청연」은 애초에 박경원이라는, 최초의 '여성' 비행사에 주목했던 작품이지만, 필연적으로 그녀가 살았던 시대에 그녀가 행한 친일 논쟁과 마주할 수밖에 없었다. 실제 여주인공의 친일 여부가 영화적 완성도나 성과보다 훨씬 더 심각하게 토론되기도 했다.

식민지와 제국주의를 다루는 작품들은 그 역사를 어떤 입장에서 바라보고 있는가를 잘 따져봐야 한다. 율 브린너가 주연을 맡았던 「왕과 나The King and I」(월터 랭, 1956)는 미국의 할리우드 시스템에서 제작된 뮤지컬이라는 점에 주목할 필요가 있다. 태국은 제국주의 열강에 의해 지배받지 않은 아시아 국가 중 하나이다. 영화는 안나라는 영국인 가정교사를 문명인으로 그리고 태국의 지도자인 왕을 미개인의 입장에 두고 전개된다. 가정교사와 왕 사이의 애틋한 감정의 변화가 영화 전반의 이야기를 이끌지만 그 속에 내재된 제국 중심적 시각을 부인할 수는 없다.

많은 할리우드 블록버스터 영화들이 제국주의적 발상이라는 논란의 대상이 되는 까닭도 여기에 있다. 「아마겟돈Ammageddon」(마이클 베이, 1998), 「인디펜던스 데이Independence Day」(롤랜드 에머리히, 1996), 「300」(잭 스나이더, 2006), 「트랜스포머Transformers」(마이클 베이, 2009)와 같은 영화들이 이러한 논란의 대상이 되었다. 할리우드의 엄청난 자본력을 토대로 만들어진 이 작품들은

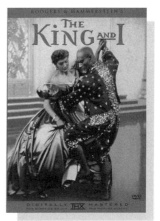

미국이 세계에서 발생하는 모든 문제들을 해결할 열쇠라고 말하고 있다.

중요한 것은 이러한 작품들이 세계 곳곳에서 상영되며 사실상 21세기 가장 유효한 문화상품 노릇을 하고 있다는 사실이다. 이러한 영향들은 한국에서 제작되고 있는 대형 영화들에서도 나타난다. 강우석 감독의 「한반도」(2006)나 심형래 감독의 「디 워」(2007)는 미국 영화의 제국주의를 가져와 제국주의의 주체를 한국으로 바꿔 만든 작품이라고도 한다.

제국주의란, 다른 지역에서 직접적으로 영토를 획득하거나 정치적, 경제적 통제력을 얻어 세력이나 지배권을 확장시키려는 국가 정책 또는 관행을 일컫는다. 다른 나라를 침범하거나 주권을 유린하는 사전적 의미의 제국주의는 현실에서 사라졌다. 하지만 제국주의 담론은 영화나 음악, 드라마, 문학과 같은 문화 가운데서 여전히 존재하고 있다.

미시적 상상력을 통한 역사의 복원 | 2009년 아카데미에서 여우주연상을 수상한 작품 「더 리더─책 읽어주는 남자The Reader」(스티븐 달드리, 2008)는 한 남자와 여자의 만남을 그리고 있다. 그런데 이 만남에는 단순히 이성 간의 감정만이

녹아 있는 것이 아니다. 독일을 배경으로 한 이 작품에는 제2차 세계대전이라는 역사적 사건도 함께 녹아 있다. 역사는 기록으로 남은 사건들을 통해 당대를 기억하지만 영화는 한 개인의 삶으로 역사를 재구성한다.

「타이타닉」*의 주인공이었던 케이트 윈슬렛이 여자 주인공을 맡은 영화 「더 리더」는 얼핏 보면 소년의 성장 영화처럼 보인다. 열다섯 살인 소년은 우연히 한 여자를 만나 사랑에 빠지게 된다. 소년은 여자에게서 새로운 삶의 한 부분을 배우게 되고 여자는 소년에게 책을 읽어달라고 부탁한다.

소년은 『오디세이』나 『채털리 부인의 사랑』, 『개를 데리고 다니는 부인』과 같은 책들을 읽어준다. 소년은 그저 그녀가 자신이 책을 읽어주는 목소리를 좋아하는 것이라고 여긴다. 그런데 여기에는 비밀이 있다. 그것은 바로 그녀가 문맹이라는 점. 사실 그녀는 읽을 줄도, 쓸 줄도 모른다. 하지만 문학에 대한 감수성만은 있기에 소년이 읽어주는 이야기를 들으며 눈물 흘리고 감동을 받는다.

문제는 세월이 지난 후 소년이 법대생으로 성장한 이후에 발생한다. 때는 2차대전 직후, 전범 처리 문제로 독일 전역이 시끄럽던 당시이다. 여자는 아우슈비츠 수용소에서 경비원 역할을 했다는 이유

■ 1912년 실제로 일어났던 거대 여객선 타이타닉호의 침몰을 배경으로, 신분과 생사를 뛰어넘는 남녀의 사랑을 그린 영화. 제임스 캐머런이 감독하고 1997년 개봉했다.

로 재판에 회부되어 있다. 첫사랑이었던 여자가 초라한 모습으로 재판장에 서 있는 모습을 보자, 이제 청년이 된 주인공은 당황한다.

사람들은 그녀가 당시의 책임자였으며 모든 보고서를 작성했다고 증언한다. 하지만 그녀는 읽고 쓸 줄을 모른다. 안타까운 것은 이 사실을 아는 이가 다만 소년뿐이라는 사실이다. 우연히 재판을 살펴보기 위해 참석했기에, 그리고 이제는 그녀와의 첫사랑이 부끄럽게 여겨지기에 그는 이 사실을 모르는 체한다. 그리고 자신이 문맹이라는 점을 끝까지 속이고 싶던 여자는 무기징역을 받고 수감생활을 시작한다.

영화 「더 리더」는 여자를 모르는 척했던 남자의 죄책감과 역사의 흐름 속에 빨려들어간 여자의 삶을 중첩해서 보여준다. 소년과 성인 여성의 사랑으로 시작된 이야기가 역사의 질곡 한가운데에 서 있었던 여성의 삶으로 확대되는 것이다. 버스 검표원이었던 여자는 회사 사무직으로 발령 나자 아우슈비츠로 직장을 옮겼다. 자신이 문맹이라는 사실을 숨기고 싶었던 여자는 편안한 사무직을 버리고 경비원으로 취직했던 것이다. 수치심으로 인한 결정이 나중에 어떤 식으로 곡해될지는 전혀 모른 채로 말이다.

베르톨루치 감독의 「마지막 황제The Last Emperor」(1987) 역시 중국의 격변기를 살았던 한 남자, 푸이를 그리고 있는 작품이다. 이 영화가 뛰어난 것은, 푸이라는 인물을 역사 속 황제가 아니라 역사적 조류에 휩쓸려 스쳐 지나가버린 힘없는 개인으로 섬세하게 그려냈다는 점이다. 거대한 왕국, 중국의 황제로 태어나 시시한 남자로 죽어간 이 사람의 일생은 그대로 시간의 덧없음과 역사적 사건의 난폭함을 보여준다. 역사의 흐름은 수많은 사람들의 삶에 지울 수 없는 상처를 남기는 것이다.

　　영화 작품들은 역사적 사건을 다큐멘터리와 같은 기록물로 남긴다기보다 한 개인의 삶에 대한 상상력으로 채워두곤 한다. 태어나 자라고 죽어가는 한 사람의 생애는 어떤 시기와 맞물렸느냐에 따라 달라진다. 그리고 이 달라짐 자체가 인생의 아이러니이기도 하다.

　　가령, 1900년대 초반에 태어난 우리나라의 여성들만 해도 그렇다. 박완서의 소설 『그 여자네 집』에 등장하는 주인공처럼 하필 일제 강점기에 태어났다는 이유만으로 질곡 많은 삶을 살아야 했던 사람들이 존재한다. 정신대에 징집되는 것을 피하기 위해 원치 않는 결혼을 하고, 그로 인해 평탄한 삶의 길에서 벗어날 수밖에 없었던 사람들 말이다.

역사는 일어난 사건들을 숫자와 기록으로 남긴다. 많은 사람들은 그러한 역사적 상황 한가운데에서 살아가지만 사실 직접 그러한 일들과 연루되지는 않는다. 「더 리더」나 「마지막 황제」와 같은 작품은 우연이든 필연이든 역사적 사건과 직접 연루될 수밖에 없는 개인을 통해 역사의 난폭함을 그려낸다. 역사의 난폭함 앞에서 사람들은 누구든 가해자 혹은 피해자의 역할을 맡게 된다. 누군가에게는 피해자가 되기도 하고 뜻하지 않게 가해자가 될 수도 있다. 여자의 문맹을 모른 척한 소년처럼, 때로는 역사적 진실에 대해 침묵하는 것이 더 비겁한 행동일지도 모른다. 영화의 힘은 아마도 영화를 보고 있는 관객을 역사와 무관하지 않은 주체로 느끼게 해주는 데 있을 테다.

생각, 부수고 비틀기

- 우리 영화사 혹은 문학사 속에서 역사를 소재로 한 작품을 찾아보고 그것의 장점과 단점을 생각해본다. 위의 예시문은 역사를 오락의 소재로 삼는 것은 부당하다는 입장에서 서술되고 있다. 이를테면, 다양한 문화 콘텐츠 개발과 같은 산업적 측면에서 접근해보자.
- 「피아니스트」 같은 작품과 「라이언 일병 구하기」의 차이점은 어디에 있을까? 시각적 효과나 그에 따른 정서적 반응까지 여러 시각으로 비교해보자.
- '역사'와 '역사 영화'의 가장 큰 차이점이 무엇일지 생각해보자.

20

음모론

음모의 횡행 │ 　　9·11테러가 일어난 후 시간이 지나자, 이 사건이 미국의 자작극이었다는 '음모론conspiracy theory'이 일었다. '음모론'이란 사회에 큰 반향을 일으킨 사건의 원인을 명확하게 설명하지 못할 때, 배후에 거대한 권력 조직이나 비밀스런 단체가 있다고 설정하는 것을 말한다. 일반적으로 정확한 정보를 듣기 힘든 격동기나 혼란스러운 시기에 이러한 음모론들이 많이 유포되는 경향이 있다.

　　음모론은 어마어마한 사건의 인과관계가 불분명할 때 더욱 정교해진다. 음모론의 기반은 알튀세가 말한 구조론적 인과성▪에 기대고 있다. 즉, 앞

▪ 자연과학에서는 A일 때 B가 도출되는 것을 인과성이라 부른다. 구조론적 인과성이란 개념은 'B라는 결과에 A가 원인이 되기도 한다'는 의미이다. 다시 말해, B의 원인이 A가 될 수는 있지만, A가 원인으로 있다고 해서 필연적으로 B가 되지는 않는다는 뜻이다.

■ 제1편 「본 아이덴티티」가 더그 라이먼 감독에 의해 2002년, 2편 「본 슈프리머시」는 폴 그린그래스 감독에 의해 2004년, 3편 「본 얼티메이텀」은 폴 그린그래스 감독에 의해 2007년 개봉되었다.

뒤 선후관계를 인과관계의 틀로 해석하고자 하는 것이다.

원래 스릴러 영화는 어떤 사건이나 범죄가 발생되고 그것을 풀어가는 과정으로 진행되었다. 스릴러 영화의 뿌리가 범죄 영화에 있다고 보는 까닭도 여기에 있다. 그런데 최근 스릴러 영화들을 보면 대부분 음모론과 연관되어 있다. 「본 아이덴티티The Bourne Identity」 시리즈*도 그렇고 조지 클루니가 주연을 맡았던 영화인 「마이클 클레이튼Michael Clayton」(토니 길로이, 2007)이나 「시리아나Syriana」(스티븐 개건, 2005)도 그렇다. 그렇다면 과연 영화 속에 표현된 음모론은 어떤 것이며 왜 점점 더 많은 음모론이 영화화되는 것일까?

맷 데이먼이 출연했던 영화 '본 시리즈'는 제임스 본드로 대표되는 스파이 영화의 문법을 단숨에 바꾸었다. 제임스 본드가 정장을 빼입은 바람둥이 스파이였다면 제이슨 본은 기계처럼 몸을 단련해 활약하는 진짜 스파이이다. 냉전시대를 배경으로 만들어졌던 007 제임스 본드 시리즈에서는 실상 어떤 사건이 일어났느냐는 중요하지 않았다. 영화의 새로운 편이 제작될 때마다 '본드 걸'로 불리는 여배우가 주목을 끌고 악당은 어떤 외양을 지닐 것인가가 화제가 되었다. 갈등의 원인보다 외양이 중요했던 것이다.

스릴러 영화는 애초부터 대중적인 장르라고 할 수 있다. 컨베이어 벨트 위에서 조립되는 상품처럼 스릴러 영화에는 몇 가지 기계적 요소가 있다. 007 시리즈를 비롯한 스릴러물 역시 시리즈를 지탱하는 공식을 지니고 있었다. 섹시한 미남 첩보원, 아름다운 여성 조력자, 금이빨이나 난쟁이와 같은 특이한 외형적 특징을 보여줄 악당 등으로 말이다. 이 조합 안에서 어떤 사건이 어떻게 일어났는지는 중요하지 않다. 누가 출연하느냐가 문제이지 무슨 사건이 어떤 음모로 만들어졌던가는 주목을 끌지 못한다. 중요한 것은 '스파이'의 이미지이기 때문이다.

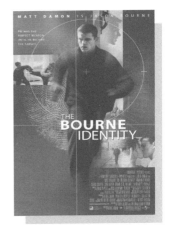

그런데 제이슨 본의 세계, 「본 아이덴티티」 「본 슈프리머시The Bourne Supremacy」 「본 얼티메이텀The Bourne Ultimatum」은 다르다. 제이슨 본은 어느 날 기억을 상실하고 자신이 누구인지 찾기 위해 단서들을 찾아간다. 단서를 하나씩 찾으려 할 때마다 그를 저해하려는 세력과 마주친다. 문제

는, 그 적이 과거 그의 조직이었다는 사실이다. 적과 내가 확연히 구분되었던 제임스 본드 시리즈와 달리 본 시리즈에서는 누가 적인지 구분하기 어렵다. 한때의 적이었지만 지금은 친구가 되고 때로 친구가 더한 음모를 숨기고 있기도 하다. 자기 자신의 정체를 찾아간 끝에 제이슨 본이 만나게 되는 것은 국제적 암살범을 키우는 미국 내 조직이다.

「마이클 클레이튼」이나 「시리아나」 역시 음모론을 잘 보여준다. 거대 기업과 관련된 재판에는 중요한 사실이나 진실들이 은닉되어 있다. 기업은 돈으로 변호사를 선임하고 변호사는 돈을 위해 진실을 은닉한다. 사실 규명을 위해 나섰던 선량한 시민들은 혹독한 비난에 시달린다. 밀약을 통해 로펌은 돈을 벌고 기업은 더 많은 돈을 유지할 수 있게 된다. 진실은 그렇게 돈과 힘의 논리에 떠밀려 사라지고 만다. 내명부 여성들의 비화를 소재로 삼았던 김미정 감독의 「궁녀」(2007) 역시 음모론에 기댄 스릴러를 제시한다.

물론 영화들은 결국 이러한 음모론의 밑바닥까지 파헤쳐 진실을 견인하는 인물들을 보여준다. 그렇다면 왜 요즘 들어 이렇게 음모론이 제시되는 영화가 더 많아지는 것일까? 스릴러 영화는 범죄에 대한 해결을 갈망하는 사회의 욕망을 해결해준다. '음모론'을 다룬 영화들은 해답을 제시한다. 음모가 해결되고 진실이 드러난다는 식으로 말이다.

　음모론은 한층 더 복잡하게 사회의 이면을 재구성한다. 재구성된 음모론은 인터넷 체계 속에서 정보가 노출될수록 더 많은 진실이 은닉되는 모순을 반영하기도 한다. 인터넷 검색을 통해 정보를 찾아볼 수는 있지만, 그 속에 진실은 없다. 대중들은 이제 자발적으로 음모론을 떠올리고 그에 대한 반응까지 연구한다. 퍼즐이 점점 복잡해지듯이 복선과 단서가 흩어진 음모론은 대중이 '사회'라는 시스템을 불신하고 있다는 사실을 반증한다. 현대 사회의 대중들은 드러난 사실보다 음모론을 신뢰하는 것이다.

달라진 스파이, 달라진 세상의 풍경 ㅣ　　「퀀텀 오브 솔러스 Quantum of Solace」(마트 포스터, 2008)는 22번째 제임스 본드, 007 시리즈물이다. 제임스 본드 시리즈는 냉전시대를 배경으로 탄생한 스파이 영화이다. 알다시피 냉전시대는 이미 시대적 유물이 되었다. 구소련 붕괴 이전 할리우드 주류 영화계에서 스파이 영화는 주목받는 대중 영화 장르였다. 그런 점에서 22편의 제임스 본드, 007 시리즈는 세상의 변화를 고스란히 드러내는 측면이 있다. 냉전시대의 종식 이후 새롭게 대두된 세계적 화두뿐만 아니라 여성과 남성에 대한 달라진 대중적 관심도도 반영되어 있는 것이다. 그렇다면 007 시리즈에서 발견할 수 있는 시대상은 어떤 것이 있을까?

소설가 이언 플레밍의 작품을 원작으로 한 007 시리즈는 1962년에 '007 살인번호'를 시작으로 영화로 제작되었다. 그동안 007 제임스 본드 역할은 숀 코너리, 조지 레전비, 로저 무어, 티모시 달튼, 피어스 브로스넌 등이 순서대로 맡았다. 007 제임스 본드의 대명사가 된 숀 코너리는 처음으로 제임스 본드 역할을 맡아 영국 정보국의 비밀 요원으로서의 전형을 제시했다. 숀 코너리가 전형으로 제시한 007 제임스 본드는 섹시하고 신사적인 영국 정보원의 이미지이다. 숀 코너리 이후 제임스 본드 역을 맡은 로저 무어나 피어스 브로스넌 역시 섹시하고 신사적인 숀 코너리의 이미지를 계승하고 있다.

또 하나의 007 시리즈의 특징이라면 바로 본드 걸이라고 불리는 섹시 아이콘 여성이 등장한다는 것이다. 시시때때로 본드 걸은 몸매가 아름다운 여성, 유색인종, 외국어를 쓰

는 여성 등으로 변주되면서 제임스 본드의 애인 역할을 해낸
다. 눈치챘다시피 본드 걸은 제임스 본드의 남성미를 돈보이
기 위한 보조적 역할을 한다는 것을 알 수 있다. 독립적인 성
격이나 주체성을 가진 여성이라기보다는 제임스 본드가 맡은
임무와 관련된 역할을 하는 정도로 제시되어 있는 것이다.

　　그런 점에서 대니얼 크레이그가 주연을 맡은 2008년
작 007 시리즈 「퀀텀 오브 솔러스」에는 더 이상 전통적 007
의 이미지나 본드 걸이 대중에게 통하지 않는 현실이 반영됐
다고 하겠다. 우선 대니얼 크레이그가 맡은 007은 섹시하다
기 보다는 강인한 이미지를 추구한다. 그는 신사적이기는커
녕 야만적이며 야수적이다. 새로운 제임스 본드는 생각하기
보다 움직이며 강인한 체력을 이용해 적들을 제압
한다. 이전의 007 시리즈에서 대부분 제임스 본드
가 화려한 말재주와 농담으로 상대와 관객을 무장
해제하던 것과는 전혀 다른 방식이다.

　　「퀀텀 오브 솔러스」에 등장하는 제임스 본드
는 동시대가 원하는 남성상이 무엇인지를 잘 보여
준다. 양복보다는 가죽 재킷이 더 잘 어울리는 근
육질 몸매의 제임스 본드는 그다지 말을 많이 하
지 않는다. 본드 걸이라고 부를 수 있을 여자 주인

공과 별다른 애정 관계를 나누지 않는 것도 차이점이라고 할
수 있다. 변화는 본드 걸에서도 발견된다. 007 제임스 본드
시리즈는 아름다운 외모의 여성과 제임스 본드가 사랑을 나
누는 것으로 끝나곤 했다. 하지만 이번 시리즈에서 본드 걸
은 제임스 본드의 임무가 아니라 자신의 복수에 매진한다.
제임스 본드의 보조 역할이 아니라 자기 나름의 목적과 임무
를 지닌 여성으로 등장하는 것이다.

　　무엇보다 달라진 점은 바로 냉전이라는 시대를 배경으
로 이데올로기적으로 대립하던 것이 이윤을 축으로 한 싸움
으로 달라졌다는 것일 테다. 냉전 시대가 종식한 이후 상대
방을 무력화하기 위한 정보전은 양상이 달라졌다. 정보전은
여전하지만 대상이 사회주의 국가로 대표되는 획일적 대상
은 아니다. 오히려 최근의 스파이 영화들은 이라크나 이란,
요르단을 중심으로 한 중동 지역 관련 소재의 영화로 만들어
지고 있다. 안젤리나 졸리가 주연을 맡은 「솔트^Salt」(2010)에
서는 북한이 악의 축으로 등장하고 2012년 개봉했던 「미션
임파서블」에서는 제3세계 테러리스트가 등장한다. 정보전의
대상이 말 그대로 달라진 것이다. 스파이 영화는 여전히 제
작되고 있지만 더는 007 분위기의 스파이 영화가 없다는 것
도 이를 대변한다.

「퀀텀 오브 솔러스」에서 보이듯이 지금 세계의 정보전은 개인의 이윤을 중심으로 한 정보전 형태로 바뀌었다고 할 수 있다. 거대 이념 혹은 정치적 이데올로기를 앞세운 정보전보다 기업 혹은 개인의 이윤을 위한 정보전이 더 치열해졌다. 물론 영화 속에서 이러한 양상들은 불법적 독점을 통해 돈을 벌어들이려는 악당들과의 대결로 구체화되곤 한다. 물이나 석유를 독점하려고 하는 기업들의 음모를 007이 저지한다는 최근 시리즈의 이야기는 이런 측면들을 잘 보여준다. 007 시리즈는 시대가 변화함에 따라 제임스 본드와 악당의 이미지를 변주하면서 계속되어왔다. 그런 점에서 새로운 제임스 본드와 본드 걸의 모습은 달라진 시대상을 함축하고 있다고 할 수 있다.

생각, 부수고 비틀기

- 음모론은 언제, 어떤 방식으로 확산되어왔는지 인터넷 검색을 활용해 알아보자.
- 사건, 사고에 대해 분명한 이치나 원인을 밝히지 못하는 경우도 많다. 논리적 가설과 음모론의 기준은 무엇일지 생각해보고 논해보자.
- 선후관계와 인과관계의 차이를 구체적 사례를 들어 구분해보자.